지혜의
숲에서
만난 아이들

지혜의
숲에서
만난 아이들

만방 아이들 지음 | **최현** 엮음

교년혜즈
독소리
기청지시

나무&가지

추천의 글

만방학교에는 독서왕 제도가 있습니다. 매주 학생들이 쓴 독후감 가운데 각 가지(셀그룹)별로 두세 개의 작품을 추천합니다. 그러니까 20개의 가지라면 40~60편 가운데 가장 잘 쓴 두세 작품을 선정하는 것이지요. 그리고 모든 학생들 앞에서 그 작품들을 발표하게 되는데, 그 독후감의 주인공이 바로 독서왕입니다. 독서왕에게 주어지는 상품은 표창장이나 어떤 물건이 아니라 교장선생님과 고급 식당에서 저녁식사를 함께 할 수 있는 '식사쿠폰'입니다. 그리고 학기 말이 되면 선발된 독서왕들이 함께 모여 만찬을 가집니다. 이때, 독서왕 이외에도 숙제왕, 건강왕 등이 함께 만찬을 가져서 이것을 "왕들의 만찬"이라고 부릅니다.

아이들의 글을 읽다보면 그들의 성장, 고민, 결심, 회복, 열정을 엿볼 수 있습니다. 그러면서 '이 나이 때 나는 어떤 생각을 했었나' 하고 어린 시절로의 여행을 떠날 때도 있습니다. 또한 그들이 비전을 말할 때는 미래로의 꿈을 꿔보기도 합니다. 무엇보다 진화에 관련된 책을 읽든 무신론적 인문학 서적을 읽든, 그 가운데에서 하나님의 음성을 들으려고 노력하는 아이들의 모습이 참으로 귀합니다.

자녀를 둔 부모에게는 이 책이 자녀의 생각을 키우는 데에 큰 도움이 될 것입니다. 만방학교는 아이들에게 독후감을 어떻게 써야 한다고 지도하지 않는데, 이는 더딘 것 같지만 더 좋은 훈련이라는 것을 아이들을 통해 확인하게 됩니다. 때로는 독서 지도를 한다고 하면서 아이의 상상력을 제한하며 정답을 요구하듯 형식의 틀에 가두어 놓는 경우가 비일비재합니다. 상상력에는 한계가 없습니다. 생텍쥐페리의 글을 인용하며 추천의 말을 마칩니다.

"만약 배를 만들고 싶다면 사람들에게 목재를 가져오라고 하거나 일감을 지시하지 말라. 대신 그들에게 바다를 그리워하고 꿈꾸게 하라!"

최하진
『세븐파워교육』, 『자녀를 빛나게 하는 디톡스교육』의 저자

격려의 글

하나님의 사랑을 넘치도록 받고 있는 너희들은 선생님들의 기쁨이고 감사란다. 너희들을 생각할 때마다 얼마나 든든하고 기대가 되는지 아니? 하나님께서 너희들과 한 가족이 되게 하셔서 사랑을 키워가고 삶의 지혜들을 나눌 수 있도록 하셨기에 선생님들은 늘 감사가 넘친단다.

너희들이 쓴 독후감을 읽으면서 선생님들이 얼마나 많이 배우는지 모른단다. 너희들은 좋은 책을 열심히 읽는 습관을 가지게 되었을 뿐만 아니라, 책에서 얻은 교훈을 삶에 적용하며 바르게 성장해가고 있단다. 선생님들은 너희들이 있어서 감사하고, 또 너희가 너무너무 기특하고 사랑스러워.

너희들의 마음을 선생님들이 이해하기에 너희들이 쓴 모든 독후감이 소중하기만 하단다. 청소년기의 너희들이 좋은 책을 많이 읽도록 격려하고자 독서왕을 만들었지만 그 가운데에서 독서왕 몇 편을 뽑는다는 것은 참 어려운 일이란다. 이런 선생님들의 마음을 이해해주고, 앞으로도 지혜를 키우기 위해 더 열심히 좋은 책을 읽는 너희들이 되었으면 좋겠어.

지혜의 숲에서 만난 아이들

선생님들께서는 너희들의 글을 읽으면 언제나 감동으로 마음이 적셔지고 따뜻해진다고 말씀하신단다. 이는 올바른 가치관에 뿌리를 깊이 내리고 멋지게 성장하는 너희들을 글 속에서 만날 뿐만 아니라, 너희들과 함께 지내면서 너희들이 읽고 느끼고 배우고 결심하고 적용하는 삶의 모습들을 잘 알기 때문이란다.

너희들이 쓴 글은 삶이고 현실이기에 우리끼리만 보기에는 너무 아쉬워서 책으로 엮으면 좋겠다고 생각했단다. 선한 영향력을 전하고 싶은 만방 가족의 간절한 마음을 담아 책으로 만들게 되었으니, 이 책으로 인해 많은 청소년들에게 지혜가 전달되기를 간절히 기도하며 감사하자.

사랑하는 조국, 대한민국에서 오늘도 열심히 생활하시며 너희들을 위해 기도하시는 부모님과 너희들이 존재하도록 영향을 주시는 이름 모를 많은 분들께 감사드리자.

하나님께서 기뻐하시는 해같이 빛나는 만방의 자녀들아!

지혜의 숲 속에서 교장 선생님이
최 현

목차

 첫 번째 숲 **비전, 사명** **23**

 두 번째 숲 **신앙, 믿음** **53**

 세 번째 숲 **삶, 가치** **87**

 네 번째 숲 **리더, 영향력** **117**

다섯 번째 숲 **성장, 도전** 147

여섯 번째 숲 **관계, 태도** 185

일곱 번째 숲 **섬김, 사랑** 219

여덟 번째 숲 **고전** 251

부록 **학부모 독후감** 279

만방국제학교

김민정(교육매거진 앤써 기자)

세계 유명 교육에 대한 한국 학부모들의 관심이 그 어느 때보다 뜨거운 요즘이다. 한국 교육에 대한 불만과 불안이 한국을 넘어 세계로 눈을 돌리는 이유이리라. 독일에는 인간에 대한 바른 이해를 기반으로 아이와 더불어 부모도 성장하는 '발도르프 학교'가, 영국에는 세계 대안학교의 롤모델이자 자유의 상징인 '서머힐 학교'가 있다면 중국에는 '만방국제학교'가 있다. 우수한 인성교육을 무기로 학생의 진정한 성장을 추구하는 교육의 세계적 흐름을 주도하며 미국과 유럽에서도 잇단 러브콜을 받고 있는 이 학교가 궁금한 독자들을 위해 매거진 앤써가 직접 중국 하얼빈을 찾아가 보았다.

진짜 '학생'과 참 '교사'를 보았다
만방국제학교

학교의 모습이 비정상이 되어버린 게 언제부터일까. 교사는 배울 자세가 안된 학생들이 문제라고 소리치고 학생들은 존경할 만한 스승이 없다고 아우성이다. 지금 우리의 학교 안에는 성적과 등수로 아이를 재단하는 교사와 단지 좋은 대학에 가기 위한 도구로 교사가 필요한 학생이 있을 뿐이다. 한마음으로 학생 한 명 한 명의 행복한 미래를 설계하던 교사의 초심은 어디로 갔을까. 오직 '희생'과 '헌신'의 마음만으로 '교육'을 위해 뭉친 이들이 십여 년 전, 중국 하얼빈 허허벌판에 세운 '파워나지움(파워를 기르는 곳)'이 특별해 보이는 건 비단 기자만의 생각은 아닐 것이다.

1부
만방 학생들의 '인성'을 논하다

우리나라에서는 인성교육을 '수업'으로 만들어 일회성으로 가르치려 한다. 그런데 과연 인성이 수업 몇 번만으로 길러질까? 쉽게 고개가 끄덕여지지 않는다. 인성은 생활 속에서 습관으로 체화되기 때문이다. 체육 수업 몇 번, 음악 수업 몇 번, 명사 특강 두어 번으로 만족하지 않고 아침에 일어나 저녁에 잠자리에 들 때까지 모든 시간에 밀착하여 삶 전체를 인도하는 교사들이 몸소 가르치는 인성은 어떤 모습일까. 만방국제학교 설립자인 최하진 박사와 최현 교장은 만방국제학교의 교사들을 '학생을 위하여 죽을 각오로 살아가는 사람들'이라고 소개했다.

저마다 다른 꽃을 피우는 아이들에게

우리 사회에서 아이들의 인성을 논하게 된 가장 큰 계기는 질풍노도의 시기, 사춘기 때문이 아닐까. 중2로 대표되는 사춘기는 무서운 '중2병'으로 불리며 학부모들을 벌벌 떨게 한다. 사춘기는 사실 아이들이 자신의 비전을 꿈꾸고 찾아가는 시기인데 반항의 시기로만 비춰지는 현실이 짐짓 씁쓸해진다. 이 시기의 아이들은 학교와 집, 교사와의 관계에서 각기 다른 모습을 보이는데, 어느 한 부분으로만 판단할 것이 아니라 다양한 각도로 보아야 비로소 한 아이를 온전히 이해할 수 있다고 최현 교장은 일침을 가한다.

"아이들은 교사랑 상담할 때와 가정에서 부모와 이야기할 때가 다 달라요. 즉, 아이들의 다양한 모습을 보려면 학교 생활만 파악하는 것으로는 부족하단 말이에요. 여기에서 전원 기숙사 학교의 강점이 드러나게 되는데요. 만방국제학교에서는 '24/360 케어 시스템'으로 학생들을 케어하고 있어요. 만방의 교사들은 학교에서의 모습은 물론, 기숙사 생활까지 거의 24시간, 360도로 아이들을 관찰할 수 있는 셈이지요."

이는 학생과 교사의 비율이 3 : 1이기에 가능한 시스템이다. 학생 케어의 주축은 상담인데, 만방국제학교에서의 상담은 곧 성적과 연계된다. 학생과 가족 및 친구와의 관계, 학습태도, 진로에 대한 고민 등 인성과 관련된 다양한 부분이 성적에 영향을 준다고 보는 것이다. 보통 인성교육은 성적과는 별개로 진행하는 경우가 많은데 비해 색다른 접근 방식이다.

"아이들의 모든 고민은 성적에 고스란히 나타나기 마련이거든요. 세 가지 성적 그래프로 예를 들어 볼게요. 1년 내내 오르락내리락 흔들리는 아이, 낮은 성적이 어떤 계기로 쭉 치고 올라간 아이, 계속 상위권을 유지하는 아이가 있어요. 첫 번째 아이는 집과 부모님에 대한 향수로 성적이 낮아졌다가 학교에 대한 기대감으로 다시 상승했고, 감기로 병원에 입원했을 때 잠시 주춤했어요. 두 번째 아이는 입학 후 잘 적응하지 못해 낮은 성적을 유지하다가 좋은 친구들을 만나게 되면서 성적이 쭉 치고 올라갔죠. 마지막 아이는 성적은 항상 상위권이었지만 공부에 대한 압박을 가지고 있었어요. 미국 학교에서 보이지 않는 차별을 느껴온 아이라 자신의 정체성을 성적과 동일시하고 있었거든요. 성적만이 전부가 아니라는 사실을 알려주기 위해 교사들이 부단히 노력했고, 오히려 성적이 떨어진 걸 한마음으로 기뻐했다니까요."

성적의 높낮이로 아이를 낙인찍기보다 왜 이러한 성적을 받게 되었는지를 먼저 고민하는 교사들이 있기에 가능한 일이다. 세상에는 단 한 명도 똑같은 아이가 없다. 저마다의 스토리를 가진 아이들을 위해 학생 한 명 한 명의 변화과정을 끊임없이 추적해온 교사가 공유하는 'Case Study'를 매주 진행하는 것도 이러한 이유에서다.

인터뷰를 마치고 차를 마시는 시간에도, 저녁 식사 자리에서도 선생님들의 아이들 이야기는 끊이지 않는다. 누가 오늘 설사를 해서 컨디션이 안 좋고, 이번 주 시험을 앞둔 누구는 면 대신 밥을 먹어야 한다는 등 정말 '시시콜콜'한 이야기가 이어진다. 가만히 귀 기울이고 있자니 문득 나태주 시인의 '풀꽃' 구절이 생각난다.

'자세히 보아야 예쁘다. 오래 보아야 사랑스럽다. 너도 그렇다.'

부모와 스승의 발자국을 따르는 교육

'이상한 아이 뒤에는 더 이상한 부모가 있다. 부모가 변해야 아이가 변한다.' 모두가 공감하는 말이지만 실천에 옮기기란 쉽지 않다. 그렇기에 만방국제학교의 행보가 두드러져 보이는지도 모르겠다. 만방국제학교의 입학 면접은 독특하게도 학생과 부모가 함께 참여한다. 특히 엄마뿐 아니라 아빠도 참여해야만 비로소 면접이 진행된다. 부모를 보면 아이의 인성을 알 수 있다는 게 만방국제학교의 철칙이기 때문이다. 그래서 단 한 명의 학생을 뽑을지라도 이들을 직접 검증하기 위해 교장단이 직접 한국으로 가는 남다른 열의를 보인다.

"부모와 함께 면접하다 보면 재미있는 일이 많아요. 보통 한 시간 이상 진행

되는데, 면접에 임하는 아이를 보면서 부모들은 몰랐던 아이의 모습을 발견하게 되었다고 하더군요. 가장 기억에 남는 면접으로는 우여곡절 끝에 입학한 철규가 떠오르네요. 공부 잘하는 형에 대한 비교의식에 사로잡혀 열등감 때문에 힘들어 하던 학생이었어요. 면접 현장은 이미 패색이 짙었죠. 미지막 순간, 철규 아버지가 간절한 마음으로 입학을 원하며 눈물을 흘리기 시작했어요. 남자의 눈물, 특히 아버지의 눈물은 가슴을 울리는 무언가가 있나 봐요. 철규도 난생 처음 보는 아버지의 눈물을 보며 만감이 교차하는 표정이더라고요. 그러고는 전혀 다른 태도로 면접에 열의를 보였고, 기적적으로 입학할 수 있었어요. 그 이후로 철규는 일명 '아버지의 눈물'로 통하죠(하하). 물론 철규는 지금은 공부에 대한 자신감과 리더십 있는 학생이 되어 '아버지의 자랑'으로 변화되었죠."

부모의 진심이 자녀에게 통하는 순간이다. 이러한 소통이 가능하려면 부모가 먼저 변해야 한다. 만방국제학교에서는 학부모에게 많은 요구를 하기로 유명하다. 한 달에 한 번 학부모도 필독서를 읽어야 하고, 아이가 학교생활에 문제가 있거나 가정에서 필히 챙겨야 할 부분을 공문으로 발송할 경우 공문의 내용을 확인했다는 피드백이 올 때까지 끊임없이 학부모를 괴롭힌다고.

"만방국제학교에서는 3번 거짓말을 하면 퇴학 결정을 내릴 정도로 엄격한데, 얼마 전 한 학생이 거짓말을 해서 한 달 동안 한국으로 귀가조치를 내렸어요. 이때부터 부모에게 과제가 주어집니다. 학생의 생활패턴이 흐트러지지 않도록 매주 학생의 일과를 관찰하여 학교 측으로 메일을 보내야 해요. 단, 집으로 돌아온 아이를 무작정 탓하기보다는 모처럼 아이와 함께할 시간을 가진다는 기쁨으로 아이와의 시간을 즐길 수 있도록 하고 있어요. 이 과제를 완수해야만 다시 학교로 돌아올 수 있답니다."

학부모의 변화도 놀랍다. 소위 '갑질'하는 학부모에서, 교사와 학교를 무한 신뢰하는 '열혈 팬'으로 바뀐다. 전적으로 아이를 맡기고 매주 학교와의 소통에 귀 기울이면 어느새 인성이 한 뼘 더 자라난 아이를 마주할 수 있음을 경험했으니 말이다. 부모에게 가장 어렵다는 기다림의 미학을 절로 체득시켜주니 절로 '팬'이 될 수밖에.

"공부를 잘해도 떨어지는 학교가 여기에요. 인생의 성공이 항상 성적과 비례하는 건 아니거든요. 중요한 건 인성이고, 아이의 인성에 바탕이 되는 부모의 됨됨이입니다. 잘하는 아이들을 더 잘하게 만드는 일은 쉽다고 생각해요. 바른 인성만 있다면 못하는 학생도 잘할 수 있게 만드는 게 학교가 할 일 아닐까요?"

———

만방국제학교의 Secret Note
세븐파워교육

단순히 지식을 길러주는 것으로는 진정한 학교의 역할을 다 했다고 보기는 어렵다. 살아있는 지식을 가르치기 위해서는 주변에 영향력을 미칠 수 있는 동적인 힘, 즉 파워가 필요하다. 일곱 가지 파워를 갖춘 인재를 양성하는 게 만방국제학교의 목표이다.

Power Ⅰ. 네트워크 파워 - 인간관계, 사회성 및 다양한 타문화 수용 능력

Power Ⅱ. 멘탈 파워 - 긍정적이고 도전의식이 넘치는 돌파 능력

Power Ⅲ. 브레인 파워 - 지혜롭게 학습하고 집중력과 창의력을 높이는 두뇌 능력

Power Ⅳ. 모럴 파워 - 정직성 등 바른 성품과 이웃을 위하는 이타적 능력

Power Ⅴ. 리더십 파워 - 자기관리에서 시작하여 공동체와 사회를 섬기는 능력

Power VI. 바디 파워 - 좋은 식습관과 운동으로 체력을 뇌력으로 만드는 능력

Power VII. 스피리추얼 파워 - 삶과 죽음에 대한 통찰력과 사명의식의 능력

___

Mini Interview
우유 카페에서 열린 만방 학생 간담회

만방국제학교의 학생들을 직접 만나보고 싶다는 기자의 말에 선생님들이 즉석에서 아이들을 섭외하기 시작했다. '우유 카페'라 불리는 교장실로 하나둘 모이는 폼이 예사롭지 않더니, 어느새 스무 개 남짓한 의자가 꽉 채워지고 의자 뒤로 원을 그려 아이들이 서기 시작한다. 눈대중만으로도 서른 명은 족히 넘는 듯한 아이들의 방문(?)에 인터뷰는 간담회가 되어버렸다. 한 명 한 명의 이름을 언급하지 못하는 아쉬움을 덜기 위해 모두의 얼굴을 카메라에 담기로 한다.

Q. 만방국제학교 자랑
A. 쓸 데 없는 시간이 없어요. 다양한 활동(Activity)을 통해 평소에 하지 못한 다양한 경험들을 할 수 있어요. 대표적인 것이 합창과 오케스트라예요. 중국 문화와 중국어를 현지 친구들과 함께 배울 수 있는 장점도 있고요. 무엇보다도 성적에 대한 집착을 버릴 수 있어요. 이 모든 게 선생님들 덕분이에요. 입학 첫날부터 번호가 아닌 이름을 불러 주시거든요. 심지어는 저보다 절 더 많이 아시는 것 같아요(하하). 사랑받는다는 느낌을 받으니 자신의 가치를 찾을 수 있고, 대학 너머의 꿈을 보게 되지요. 제 동생까지 보내고 싶은 학교라면 이해가 쉬우시려나요?

Q. 한국 학교와 이것이 다르다!

A. 일단 학교폭력, 왕따, 비속어가 없어요. 반장과 부반장 등 학급임원도 학생들이 아닌 선생님이 임명해 주세요. 가장 신기한 게 성적보다 인성이 먼저인 학교라는 점이에요. 왜 공부를 해야 하는지를 먼저 깨닫게 하니 목적의식을 갖게 되고 자연스레 공부를 하게 되거든요. 특히 고3이 되면 대학 입시에 포커스를 맞춰 수많은 정보들이 쏟아져 나오잖아요. 이 문제집이 좋다, 논술 준비를 해야 한다 등등 사소한 정보 하나에도 흔들리게 되죠. 하지만 저희는 시험을 위해 공부하지 않아요. 시험은 하나의 과정일 뿐, 눈앞의 대학 입시가 아닌 그 너머의 것을 보게 해 주시는 선생님들 덕분에 제 자신에게 한계를 두지 않는 거죠.

Q. 아직 못다 한 이야기, 인성

A. 만방국제학교에서는 '반항'이 없어요. 선생님들이 권위적이거나 감정적이지 않고 우리를 위해 최선을 다하시는 게 느껴지거든요. 인성교육 또한 일회성 수업으로만 그치는 게 아니라 기숙사 생활을 통해 많은 사람들과 접하고 관계에 대해 배우는 기회를 제공하고 있어요. '빨리 가려면 혼자 가고, 멀리 가려면 함께 가라'는 말 그대로 공동체 의식에 대해 체득할 수 있는 학교이지요.

Q. 고3 학생들, 공부 이야기도 좀 해 주세요!

A. 저희는 지금 대학 입시를 3일 앞두고 있는데요. 시험이 전혀 두렵지 않다면 믿으시겠어요? 사실 지금의 실력이 어느 정도인지 확실히 모르지만 자신 있어요. 모든 순간에 최선을 다했기 때문인 것 같아요. 비결이라면, 멘

토링을 빼놓을 수 없지요. 40명 남짓한 고3이 한 공동체가 되어 서로의 지식을 공유하고 노하우를 전수해 주는 그룹 스터디인데요. 사실 저희는 유학생 특별 전형으로 대학에 지원하는 거라 최소 1명에서 최대 20명 정도의 정원을 두고 서로 경쟁하는 사이라고 할 수 있어요. 하지만 멘토링을 통해 경쟁자가 아닌, 협력하는 방법을 배우고 있어요. 나눠서 줄어드는 게 아니라 같이 성장할 수 있음을 깨달았으니까요.

2부
만방 학생들의 '학습'을 말하다

성적과 학습에도 강한 만방국제학교의 입시에 대한 자신감은 인성교육에 가려져 덜 알려진 부분이다. 만방 학생들에게 있어서 학습은 너무나 기본적인 것이어서 따로 언급할 필요를 느끼지 못했단다. 그도 그럴 것이 자신이 왜 공부해야 하는지 제대로 알고 하는 학습과 그렇지 않은 학습은 차이가 있을 수밖에. 사실은 외대부고보다도 더 많이 공부시키는 학교라며 대수롭지 않은 듯 미소 짓는 이 학교의 숨겨진 또 하나의 강점을 엿볼 차례다.

영어와 중국어를 동시에 마스터하고 싶다면?

중국 유학은 흔히 공부를 못하는 아이들의 도피성 유학으로 폄하되곤 한다. 이 선입관의 연장선상에 만방국제학교가 놓여 있다고 생각한다면 오산이다. 만방 학생들은 중국어는 기본이고, 수준급의 영어 실력을 갖추고 있다. 한국어가 아닌 중국어와 영어로 일반 과목을 가르치기 때문이다. 여기서 그치지 않는다. 대부분의 수업이 참여형 토론 수업으로 이뤄져 자신이 생각하는 바를 중국어와 영어로 논리정연하게 토론하고 에세이를 쓰는 경지에까지 이른다.

"텝스, 토플, HSK 등의 공인어학시험에 맞춘 학습이 아니에요. 우리의 목표는 고작 시험 성적을 잘 받는 게 아니거든요. 학교의 수업을 열심히 따라가다가 주말에 하루 시간을 내어 공인어학시험을 보러 갔다 와요. 당연히 원하는 성적을 취득해 오지요. 실전에서 바로 활용 가능한 말하기와 학문적 깊이를 가진 학습을 하니 따로 시험을 준비하지 않아도 될 정도의 실력이 완성되는 건 두말할 나위 없지요."

유치원 때부터 영어를 배우면서도 정작 외국인을 만나면 입도 뻥긋하지 못하는 한국식 영어와는 차원이 다르다. 실력은 공부 시간에 비례하지 않는다는 사실을 보여주는 셈이다. 만방국제학교에서 3~4년 학습한 중·고등학생들은 대학 수준의 실력을 갖추게 된다고. 학생의 수준에 맞는 로드맵을 제시하니 아웃풋이 극대화되는 건 당연하다.

이처럼 한국어, 중국어, 영어 등 최소 3개 국어를 마스터하는 만방 학생들은 중국 대학은 물론 미국, 일본, 유럽 등 해외 대학 진학에도 강점을 보인다. 특히 미국 대학의 경우 SAT 준비에서부터 원서접수까지 모두 교사들이 진행할 만큼 교사들의 수준과 입시 지식이 해박하다. 이러한 강점들이 입소문을 타면서 별다른 홍보 없이도 경쟁률이 매년 높아지는 추세다. 지난해 경쟁률은 6 : 1, 35명을 선발하는데 200여 명 가량이 지원한 셈이다.

목표가 다른 학교, 차원이 다른 학교

인성교육으로 유명하다 보니 자칫 대안학교로 오해를 받곤 하는데 만방국제학교는 초·중·고등학교를 갖춘 어엿한 일반 학교이다. 하지만 여느 국제학교들과는 다른 커리큘럼을 자랑한다. 각기 다른 재능을 가진 아이들을 교육하기 위해서는 매년 발전된 커리큘럼으로 보조를 맞춰야 한다는 것이다. 그중에서도 최고의 효과를 뽐내는 두 가지가 있다. 위클리 테스트와 바인더가 그것이다.

"만방국제학교가 인성만 교육한다는 건 편견이에요. 아마 저희만큼 시험을 많이 보는 학교도 드물 거예요. 매주 '위클리 테스트'가 있거든요. 물론, 성적에 연연하라고 보는 테스트는 아니에요. 시험 공포증을 떨쳐 내고 매주 배운 내용을 제대로 습득했는지 점검하는 도구일 뿐이지요. 만방국제학교를 대표하는 또 하나의 시스템은 '바인더'예요. 스터디 플래너와 비슷한 개념인데, 스스로 계획을 세우고 실행여부를 체크하여 보완점까지 정리해요. 이를 반복하다 보면 저절로 자기주도학습이 되는 셈이지요."

바인더를 하나하나 펼쳐 자랑하는 최현 교장의 목소리에는 애정이 듬뿍 담겨 있다. 바인더 곳곳에 정성스레 손글씨로 작성된 교사의 코멘트가 보인다. 교사들의 사랑이 눈에 보여 차마 반항할 수 없다는 아이들의 이야기가 이제야 이해가 간다. 자신을 좋아하는 사람은 그 누구보다도 먼저 알아보는 게 아이들이 아니던가. 우리가 아이들에게 주어야 할 것은 다름 아닌 관심과 사랑이라는 것을 새삼 깨닫는다.

관심과 사랑에 둘러싸인 아이들은 공부뿐만 아니라 다양한 활동에서도 두각을 나타낸다. 중국 전역에서 모이는 합창대회에서 당당히 1등의 영예를 거머쥐기도 하고, 교내 스피치대회에서는 각 주제에 대한 프로젝트 활동을 통해 정형화된 답이 아닌 기상천외한 연구들이 쏟아져 나온다. 창의력은 주입식 교육만으론 한계가 있다. 창의성이 발휘될 수 있는 환경을 만들어 줄 때 길러지는 법이다.

"창의성을 주입시키는 한국 교육과는 다르게 학생들이 스스로에게 한계를 두지 않도록 팀별 프로젝트를 수행하는 수업이 많아요. 토론이나 발표대회를 통해 창의성을 표현할 기회를 수없이 제공하고 있죠. 아이들의 목표는 대학에 머물지

지혜의 숲에서 만난 아이들

않아요. 한국의 문화를 바꾸고 나아가 세계 곳곳에 제2, 제3의 만방국제학교를 세우기를 희망하는 제자들이 있기에 만방국제학교의 미래는 든든합니다.”

만방국제학교 방명록에 남긴 기자의 한 마디

만방국제학교에는 있는 것과 없는 것이 있다. 선후배 관계가 없는 대신 ‘가지’가 있다. 학생들은 가지를 친구 이상의 친구 관계를 만드는 공동체라고 정의한다. 또 휴대폰이 없는 대신 매일 ‘감사일기’를 쓴다. 타국에 있는 부모에게 마음을 담아 쓴 매주 한 통의 손편지는 부모라면 그 어떤 것보다 값진 선물일 게다. 마지막으로 거짓말과 가식이 없고 ‘순수함’이 있다. 세상의 기준과 가치에 맞추느라 어느새 뒷전으로 밀려난 동심 말이다. 한자리에 모인 수십 명의 학생들에게 저마다 다른 꿈을 들을 수 있다는 것, 누군가의 말에 온전히 공감하고 존중의 눈빛을 보낼 수 있다는 것. 이것만으로도 만방국제학교의 교육이 어떠한 파워를 가지는지 충분히 가늠할 수 있으리라.

첫 번째 숲
비전, 사명

지혜의 숲에서 만난 아이들

나는 좀 더 안전한
세상을 만들고 싶다

아시아 나무 · 동남아시아 가지 | **조강현** (10학년)

 UN. 이 단어가 우리에게 주는 무게는 정말로 크다. 누군
가에게는 목표이고 영광이자, 꿈일 것이다. 그런데 UN
보안국 보안대 작전 담당관으로 활동하는 저자는 이 책을 통해 단순히 UN
에 들어가는 방법이 아닌 꿈에 대해 말하고 있다. "나는 좀 더 안전한 세상
을 만들고 싶다."라고.

많은 사람들이 UN에 들어가려면 어떤 스펙을 쌓아야 하는지 궁금해 하

는데 저자는 그런 질문을 받을 때마다 안타까운 마음이 든다고 말하면서, 이는 반드시 바뀌어야 할 생각이라고 지적한다. 그렇다면 과연 저자는 어떻게 UN에 들어갈 수 있었을까?

저자는 어린 시절 이민을 갔다가 한국으로 다시 돌아온 뒤 낯선 환경에 잘 적응하지 못해 매우 소극적으로 청소년기를 보냈다. 심지어 대학생 때는 컴퓨터 중독으로 인해 몸과 마음이 무너진 상태였다. 그러던 중 그는 삶의 전환점을 맞이하는데, 일반 군대가 아닌 JSA(공동경비구역) 카투사로 판문점에서 군 생활을 하게 된 것이다. 그는 그곳에서 끝없는 훈련을 통해 건강한 신체로 변화되었고 동료들과 함께하는 기쁨을 통해 긍정적인 마음을 갖게 된다. 그렇게 군 생활을 마친 뒤 많은 것이 바뀌게 된 그는 안전에 관련된 일을 하는 꿈을 꾸며, UN으로 들어가고 싶다는 생각을 하게 된다. 그는 여러 고민들이 있을 때마다 선배, 멘토, 교수님들을 통해 길을 찾으며 방향을 확실히 정하게 되었고, 이러한 것들이 발판이 되어 결국 UN 보안국에서 자신의 비전을 펼쳐나가게 된다.

저자의 이야기를 통해서 나는 세 가지 매우 중요한 사실을 배울 수 있었다. 첫 번째는, 자신을 변화시키고 싶다면 새로운 환경에 도전할 필요가 있다는 것이다. 저자는 군 생활을 통해서 몸과 마음에 큰 변화를 겪었다. 이처럼 우리도 삶에서 개선시키고 싶은 것이 있거나 성장하고 싶을 때, 새로운 상황과 새로운 사람들과 새로운 장소에 들어가는 도전을 통해 다양한 경험을 해야 한다.

두 번째는, 주변에 있는 사람들에게 나의 고민과 생각을 이야기함으로써 더욱 다양한 의견을 얻어야 한다는 것이다. 저자는 다양한 도전을 할 때마

지혜의 숲에서 만난 아이들

다 항상 다른 사람들에게 조언을 구했고, 그 결과 더 좋은 선택을 할 수 있었다. 우리 주위에는 도움을 받을 만한 사람들이 아주 많다. 그러므로 주변에 있는 가족, 친구들, 선생님들을 통해 삶의 방향을 더욱 올바르게 잡아야 한다.

세 번째는, 마음속에 있는 비전을 따라 자연스럽게 그와 관련된 작은 일들에 하나씩 도전해야 한다는 것이다. 저자가 조지타운 대학의 안보학 석사과정에 도전하고, 의용소방대에서 소방 및 응급구조 대원으로 자원하고, UN에 들어가 나이로비 현장에서 활동한 것은 모두 스펙을 쌓기 위해서가 아니었다. "좀 더 안전한 세상을 만들고 싶다"는 그의 목표이자 꿈을 위해, 끊임없이 안보와 관련된 일을 하며 자신을 성장시킨 것이다.

저자의 삶이 우리에게도 삶의 방향을 정하는 데 도움을 줄 수 있을 것 같다. 결코 "어느 대학의 어느 과에 들어가야지"가 목표가 되어, 우리 삶이 한계에 갇혀서는 안 된다. 마음속의 비전을 따라 그와 관련된 일들에 관심을 가지고 꾸준히 해나가는 노력이 필요한 것이다.

이 책을 읽고, 나는 우리 모두가 "어떻게 인생을 살아가고 싶다"는 비전을 품었으면 좋겠다는 생각이 들었다. 어디서 무엇을 하며 살아가든 마음속에 이러한 비전을 품고 있다면, 우리 모두 '마음속에 세상을 품고 나아가는 만방인'이 될 수 있지 않을까.

14살, 그때 꿈이 나를 움직였다

중국 나무 · 베이징 가지 | **유현서** (7학년)

 예전에 이 책을 읽었을 때는 그저 저자의 꿈을 향한 목표와 열정적인 마음에 감동을 받았었다. 그러나 14살이 된 지금, 이 책은 적절한 시기에 내 꿈의 길을 열어주는 데 매우 중요한 계기가 되었다.

이제까지 난 꿈이 없었다. 초등학생 때는 그나마 미술을 좋아해서 화가라고 말했지만, 중학생이 되고 보니 주변에서 하나둘씩 꿈을 찾아가는 친구들이 부러우면서도 분명한 꿈이 없는 내가 걱정스러웠다. CEO, 생물학자, 미래공학연구원 등 나는 한 번도 생각해보지 못했던 꿈들을, 누군가는 꿈꾸며 살아가고 있었다.

그런 내게 이 책은 세계라는 무대에서 꿈을 이루는 법에 대해 말해 주고 있었는데, 만방에 있는 나와 이 책의 저자인 최정화 교수의 유학생활에서 공통점을 발견하고 공감할 수 있었다.

모국어가 아닌 다른 나라의 언어로 누군가와 소통할 수 있다는 것은 큰 달란트이다. 최정화 교수도 우연히 엘리베이터 안에서 외국인들이 불어로 나누는 대화를 들은 후로, 그녀가 한국 최초의 국제회의 통역사가 될 때까지 한 번도 마음속에서 불어가 잊히지 않았다고 한다. 그 후 그녀는 오직 '꿈'을 위해 프랑스 파리로 가게 되었고, 그곳에서 더 많은 지식을 배워나가게 되었다.

하지만 결코 그 길이 쉽지만은 않았다. 처음 파리 통·번역 대학원을 찾아갔을 때는 입학시험에 응시할 자격조차 없었을 뿐더러, 우리나라 교육 방법에 이미 익숙해져 있던 터라 프랑스의 교육 방법이 무척 어렵게 느껴졌던 것이다.

이러한 시기를 겪은 저자가 우리에게 말해 주는 세 가지 충고는 '넘어져라', '물어봐라', '실수해라'이다. 저자의 글을 읽으면서 나는 그동안 실패와 시련이 두려워 쉬운 길만 가길 원한 건 아니었는지 생각해보게 되었다. 그리고 내가 그동안 피하려고만 했던 어렵고 힘든 일들과 실패와 시련이 '기회'의 또 다른 이름이라는 것을 알게 되었다.

언어와 유학이란 면에서 공감대가 많았던 저자의 책을 통해, 듣고 싶어도 안 들릴 때가 있고 하고 싶어도 못 할 때가 있지만 이루고자 하는 목표가 있다면 모든 과정을 견디고 이겨내며 달려갈 수 있다는 것을 깨달았다.

저자의 꿈은 정말 멋있었다. 세계 각국의 정상들을 만나며 값진 기회를 얻는 그의 모습을 보며 국제회의 통역사에 대한 관심이 생기기도 했다. 내가 어떤 직업을 가지고 살아갈지는 아직 잘 모르지만, 누군가 내게 5년 뒤, 10년 뒤, 20년 뒤에 내 모습이 어떠할지 물어봤을 때, 5년 전, 10년 전, 20년 전에 무엇을 하였기에 아직도 꿈을 찾으며 도화지에 아무것도 채우지 않았느냐고 되묻지 않기를 바란다.

이 책을 통해 나의 꿈에 대해 다시 한 번 깊이 생각해보고, 인생이라는 하얀 도화지를 어떻게 무엇으로 채워갈지 고민하면서 나는 오늘도 꿈을 향해 한 발짝 나아간다.

닉 부이치치의
허그

중국 나무 · 베이징 가지 | **노예찬** (7학년)

 '닉 부이치치'하면 대부분 '팔다리가 없는 사람'이라고만 생각하는데, 나 역시 이 책을 읽기 전까지는 그랬다. 게다가 "나는 행복합니다"라고 말하는 그의 모습을 보며 '아무리 그래도 불편한 몸으로 정말 행복한 삶을 살 수 있을까'라는 생각도 했었다. 그러나 이 책을 읽고 나서 그 생각이 완전히 달라졌다.

닉 부이치치는 정말 충분히 행복한 삶을 살고 있다. 몸이 불편함에도 불

31

구하고 모든 일에 도전하며, 자신의 신체 때문에 그 어떤 것도 포기하는 일 없이 말이다. 수영도 하고, 영화에도 출연하고, 다른 사람들에게 감동과 희망을 선사하며 자신만의 행복한 삶을 누리고 있을 뿐만 아니라 다른 사람에게 힘을 주는 삶을 살고 있다. 이 책을 읽어보면 그가 정말 자신의 삶에 만족해하며 살아가고 있다는 것을 느낄 수 있다.

또한 이 책을 통해 나의 한계와 고정관념이 깨어졌다. 그가 삶 속에서 충분히 만족하며 느끼는 행복은 건강한 내가 느끼는 행복보다도 더 클 수 있다는 생각이 들었다. 팔다리가 멀쩡히 있어도 닉 부이치치보다도 자신의 삶에 만족하지 못하며 살고 있는 사람들이 매우 많다.

나는 이 책을 읽으면서 닉 부이치치의 마인드에 대해 살펴보았다. 태어날 때부터 장애를 갖고 자라나면서 친구들에게 심하게 놀림을 받았는데도 어떻게 이리도 훌륭한 어른으로 자라날 수 있었을까? 그 모든 환경에서 어떻게 많은 이들에게 감동을 선사하는 사람으로 성장할 수 있었을까? 그 해답은 바로 하나님을 의지하는 그의 태도인 것 같다.

이 책을 읽다보면 하나님을 의지하는 그의 굳건한 마음을 볼 수 있다. 그는 팔다리가 없는 것에 대해 하나님을 원망하기보다 분명한 이유가 있음을 깨닫고 그 이유를 하나님께 물었기에 굳건한 사람으로 성장할 수 있었다.

그의 모습을 보면서 나는 지금 온전한 몸을 가지고 어떻게 살아가고 있는지를 되돌아보았다. 나는 내가 가지고 있는 것에 대해 감사하기보다는 나에게 없는 것과 불편한 것에 대해서만 불평하고 있었다. 또한 하나님을 의지하기보다는 나를 위해 살면서 모든 일을 내 능력으로만 해나가려고 했다.

닉 부이치치에게 사명을 주시고 이루게 하신 하나님이 나에게 세우신 계획은 어떠할까 궁금해졌다. 먼저 지금 나에게 주어진 상황에 감사하며, 하나님을 의지하고 그분의 뜻을 먼저 생각해보기로 했다. 닉 부이치치의 삶을 통해 사명을 이루는 삶이 가장 행복한 삶임을 배웠기 때문이다.

외교관은 국가대표 멀티플레이어

아프리카 나무 · 케냐 가지 | **최하원** (9학년)

 요즘 들어 내 꿈에 대해 생각을 많이 한다. 여러 가지 직업에 대해 관심도 가져보고 하나님께 기도하면서 '주님이 제게 주신 달란트는 무엇인가요?'라고 물어본 적도 있다. 그런데 이 책을 통해 나의 달란트에 맞는 직업이 무엇인지 알게 되었다. 바로 외교관이다.

이 책의 저자는 외교관을 하면서 느낀 것들과 경험들을 솔직하고 재미있게 이야기하고 있는데, 그가 생각하는 외교관이란 제목에서 말했듯이 '멀티플레이어'다. 즉, 하나만 전문적으로 알기보다 더욱 다양한 분야를 알아야 한다는 것이다. 그리고 저자가 말하는 '멀티'란 단순히 실력만을 말하는 것이 아니라 가족, 재정 등 생활 속에서의 삶 또한 균형을 잘 맞추어 관리해 나가는 능력을 말한다.

그러나 외교관은 변화가 잦은 직업적 특성상, 힘든 일이 많은 직업이기도 하다. 일을 하다 보면 해외로 출장도 많이 가야 하고, 그곳에 임시로 1~2년 정도 거주해야 할 때도 있다. 그러나 저자는 끊임없는 노력과 꿈을 향한 열정으로 그 어려움들을 잘 이겨낼 수 있었다. 이외에도 시간 약속, 대화 내용, 다른 사람을 설득하는 능력, 심지어 식사를 하는 것까지 업무의 중요한 요소가 된다고 하니 외교관은 정말 '멀티플레이어'라고 할 수 있다. 그리고 이런 저자의 분주한 삶 속에서 나는 그 삶을 지탱해 주는 것이 무엇인지를 찾아볼 수 있었다.

첫 번째는 그의 애국심과 열정이다. 외교관은 국제 무대에서 일하는 것이기 때문에 애국심을 갖는 것이 정말 중요한데, 다시 생각해보면 애국심이 있어야 열정도 생기는 것 같다. 우리도 목표가 생겨야 그것을 향해 열정적으로 나아가는 것처럼, 외교관들도 우리나라를 세계 곳곳에 알리고 한국의 영향력을 전파한다는 확고한 목표가 있기에 항상 최선을 다하는 것이다.

저자의 경험 중에서 가장 인상 깊었던 사례가 바로 세계 박람회 유치전이다. 당시 우리나라 외교관들이 여수에 EXPO를 유치하려고 엄청난 노력을 했지만, 당시 경쟁 지역은 중국 상하이와 러시아 모스크바로, 여수에 비해 더욱 빠른 발달을 이루어 온 세계적으로 잘 알려진 대도시였다. 하지만 우리나라는 끝까지 유치를 위해서 대통령, 총리, 상원의장 등을 비롯한 주요 인사들에게 EXPO 지지 교섭을 펼쳤다. EXPO 관계자들은 열정 가득한 우리나라 사람들을 보면서 뭔가 안심되고 든든한 마음이 들었다며 조금씩 귀를 기울였고, 결국 EXPO는 한국 여수에서 개최되었다.

우리나라 외교관들이 이런 정성과 노력을 쏟아내면서까지 할 수 있었던 것은 그들에게 우리나라를 향한 자부심과 애국심이 있어서였음을 나는 확실히 알 수 있었다. 그래서 나도 외교관의 꿈이 실현된다면 '나라를 향한' 열정의 마음으로 임해야겠다는 생각이 들었고, 이것을 지금부터의 내 비전으로 삼게 되었다. 자신의 직업을 사랑하며 하루하루 보람을 느낀다는 저자의 말과 그의 삶을 보면서, 나 역시 그렇게 가치 있는 삶을 살고 싶은 생각에 설렜다.

저자의 삶을 지탱해 주는 두 번째는 그의 배움의 능력과 태도이다. 저자는 결코 쉽고 빠른 평탄한 길만을 가지 않았다. 외무고시부터 외교관 이후의 삶까지 모두 쉽지 않은 나날들이었지만, 그는 늘 쉬지 않고 겸손한 태도로 배움의 자세를 취했다. 그는 언어를 배울 때마다 어떻게 하면 상대방의 말을 이해하고 지혜롭게 대답해야 할지를 항상 고민했다. 타인의 말을 융통성 있게 받아들이는 것 역시 외교관에게 중요한 요소이기 때문이다.

뿐만 아니라, 그는 신입일 때도 선배들을 보면서 중요한 점들과 그들의 노하우를 메모하고 스스로 익혀가며 성장했다. 선배가 된 후에도 롤모델을 정해 더욱더 노력하며 자기 자신을 수시로 점검했다. 그의 이러한 태도가 한 곳에 머물러 있지 않고 끊임없이 성장해나가도록 한 것은 아닐까. 언어의 세계는 무한하기 때문에 나 역시 한국어, 중국어, 영어 실력에만 안주하지 않고 더 많은 언어를 배우기 위해 끊임없이 도전하고 싶다.

지혜의 숲에서 만난 아이들

이 책을 통해 나의 비전을 정확히 알 수 있었다. 바로 우리나라를 세계 곳곳에 알리면서 선한 영향력을 미치는 것이다. 기도에 응답받은 것 같기도 하고, 항상 궁금해하며 갖고 싶었던 꿈과 비전을 찾게 되어 너무나 감사하다. 하나님께 쓰임 받는 삶이 될 수 있도록 지금부터 준비하며, 평소 삶 속에서도 늘 배움의 자세로 겸손하게 하나님께 지혜를 구하며 살아갈 것이다.

나는 3D다

아시아 나무 · 동남아시아 가지 | **고승환** (10학년)

 내가 가진 달란트를 가지고 계속 즐기며 막연히 디자이
너가 되고 싶었을 때, 이 책을 읽게 되었다. 이전까지 나
는 디자이너란, 예쁜 상품을 만들고 보기 좋은 상품을 '디자인'하는 사람이
라고만 생각했다. 나도 유명 디자이너가 되어 즐기며 살고 싶었지만, 이러
한 생각에 대해 저자는 현대사회의 디자이너로서 이렇게 말한다. "그것은
아름다운 쓰레기를 만드는 것이다." 다시 말해, 아무런 목적이나 의미도 없

는 껍데기만 예쁘게 꾸민다는 것이다.

일찍이 뉴욕의 유명 디자인 회사에서 남부럽지 않게 많은 돈도 벌고 능력도 인정받았던 배상민 디자이너는 스스로에게 '나는 행복한가?'라는 질문을 던지고 회사를 그만두게 된다. 그러한 그의 삶은, 그저 재미있고 흥미 있는 것으로 미래를 그리려던 나에게 큰 충격을 안겨 주었다. 나는 평소에도 그림 그리는 것을 좋아하고, 제품을 디자인해 보는 것도 재미있어서 '미래에도 계속 하겠지 뭐' 하는 안일한 생각뿐이었는데, 저자는 나와 달리 디자인으로 '무엇을 할지'에 대해 고민했던 것이다.

저자의 디자인 제품은 독특하고 유명하다. 시중에서 보았던 것이 알고 보니 저자의 작품인 것도 많았다. 무엇이 그의 작품을 그토록 특별하게 하는 걸까? 디자인 철학이 이 세상의 것과는 다르기 때문이다. 그의 철학은 '3D'(Dream, Design, Donate)인데, 이러한 철학은 그의 디자인에 고스란히 담겨 있고 비전의 방향 또한 확고하다. 바로 이것이 세상을 바꿀 수 있었던 영향력이 아니었을까.

책을 다 읽고, 한 가지 의문이 들었다. '어떤 디자인이 세상을 바꾸는가' 하는 거였다. 예쁘고 참신한 디자인, 세련되고 탄탄한 디자인, 배색이 고르게 된 디자인. 저자의 말에 따르면 이것들은 모두 껍데기에 불과한 디자인이라는 것인데, 그러기엔 그러한 껍데기만 예쁜 디자인들이 우리 주변에 이미 깊숙하게 자리 잡고 있지 않은가. 그러나 그는 '디자인에 비전이 포함되어 있는가, 포함되어 있지 않았는가', 이것이 세상을 바꿀 수 있는 디자인의 관건이라고 말한다.

모두가 화려한 껍데기를 보고 가치를 매기는 상품 디자인에, 그리고 우리 청소년으로 하여금 분별하지 못하게 하는 자극적이고 중독적인 시각 디자인에 나의 비전과 사명을 두고 싶지 않다. 어찌 보면 절대 다수의 디자이너들이 가는 길, 즉 세상적인 성공을 위해 반드시 해야 하는 방법을 버리고 반대로 가는 것이 아닌가 싶지만, 재능을 주신 하나님께 아름다운 쓰레기를 만들어 드리고 싶지는 않다. 오히려 주님의 시선이 가 있는 곳에 나의 머리와 눈과 두 손이 갔으면 한다.

내게 있어서 '디자인'은 도구이다. 목적이 아닌, 목적을 이루기 위한 도구인 것이다. 도구는 그것이 사용되는 목적에 따라 가치가 정해지는데, 나는 나에게 주어진 이 도구를 최대한 가치 있게 사용하고 싶다. 그러기 위해서는 그 디자인이라는 도구를 내가 손에 쥐는 것보다는 하나님께 맡겨드릴 때, 그것에서 나오는 선한 영향력이 폭발하듯 퍼지지 않을까 생각한다.

배상민 디자이너의 3D 중 마지막 D가 그의 사명인 'Donate'라면 내 사명은 'Dogu'이다. 다시 말해, 도구로 인해 하나님의 향기가 퍼지도록 하는 것이 내 사명인 것이다. 나의 디자인에서 하나님의 향기가 풀풀 풍기기를 소망한다.

파란 눈의 중국인 선교사 허드슨 테일러

중국 나무·쿤밍 가지 | **강채민** (5학년)

 책 표지에서 앞머리는 없고 변발을 한 사람을 보며 '이름은 미국인인데 중국 사람인가' 하는 생각이 들었는데, 중간쯤 책을 읽었을 때에야 그 의문이 풀렸다. 선교사인 허드슨 테일러가 중국 사람들과 더 빨리 친해지기 위해 당시 중국 사람들과 같은 모습을 한 것이었다. 이 책에서는 허드슨 테일러가 하나님께 귀하게 쓰임 받으며 수많은 일들을 경험하는 것을 보여주는데, 책을 읽으면서 가장 감명 깊었던 두 가지를 꼭 함께 나누고 싶다.

첫 번째는 '우선순위'이다. 허드슨 테일러는 서양 옷을 입고 있는 것이 편하고, 또 서양 옷차림을 하고 있을 때 사람들이 함부로 대하지 않는다는 것을 알고 있었다. 그러나 자신의 편의보다는 하나님의 사명을 우선순위로 두고, 그것을 따르기 위해 자신의 모습을 내려놓았다.

이전에 『김네몽의 신앙일기』란 책을 읽었을 때 절실히 깨달은 바가 있었는데, '하나님의 일, 사명이란 무엇일까' 하는 것이었다. 우리는 보통 하나님의 일이 교회 사역이라고 여기지만, 하나님은 교회에만 계시는 게 아니다. 따라서 우리가 친구, 선생님, 또 지금 내 옆에 있는 사람들에게 대하는 태도는 곧 하나님께 대하는 태도이다. 만약 내 옆에 있는 사람과 싸웠다면, 나는 내 자존심과 하나님의 기쁨 중 무엇을 선택할까.

두 번째로 감명 깊었던 것은 '하나님을 의지하는 태도'였다. 허드슨이 중국 선교의 비전을 품으면서 가장 시급하게 필요한 것은 자금이었다. 물론 후원하는 교회와 가족이 있었지만 허드슨은 이를 모두 사양하고 오직 하나님께 기도로 의지하는, 소위 모험을 하였다. 그런데 하나님께서는 그때마다 응답해 주시면서 부족하지 않도록 베풀어 주신다.

우리는 인생을 스스로 책임질 수 있다고 생각하지만 때때로 우리의 힘만으로는 해결되지 않는 문제들을 만나게 된다. 그럴 때마다 하나님께 기도로 간구하면 하나님께서는 선하다고 생각하시는 바에 따라 응답해 주신다. 기도로 간구할 때는 하나님께서 가장 선한 길로 인도해 주실 것을 믿고 그분께 의지해야 한다. 언제나 하나님께 의지하며 하나님만을 따르는 삶을 살아가길 기도한다. 책을 통해 이 두 가지를 배울 수 있게 되어 감사하다.

갈매기의 꿈

아시아 나무 · 동남아시아 가지 | **배병주** (10학년)

 이 책은 자유를 희망하는 조나단이라고 하는 한 갈매기
의 이야기를 담고 있다. 여기서 이 갈매기는 그저 자유를
희망하며 나아갔다는 이유로 무리에서 추방당하는데, 이 이야기는 묘하게
우리 인간 사회와 닮아 있다. 꿈을 향해 달려가는 사람을 보통 사람들하고
는 다르다며 이상하게 쳐다보는 인간 사회 말이다.

만약 조나단이 도중에 포기했다면 그는 더 이상 꿈을 꾸지 못했을 것이

지혜의 숲에서 만난 아이들

다. 그러나 그는 꿈을 꾸었고 자유를 희망했기 때문에 누구도 배우지 못한 것을 배우며 나아갈 수 있었다. 조나단은 뛰어난 갈매기가 아니었다. 그가 다른 갈매기와 다른 점은 단 한 가지, 바로 꿈을 꾸었다는 것뿐이다.

다윗, 스티브 잡스, 빌 게이츠처럼 위대한 업적을 남긴 사람들은 어쩌면 천재가 아니라 그저 꿈을 꾸고, 그 꿈을 향해 나아가며 평범한 삶에 대한 자유를 소망했을 뿐일지도 모른다. 나는 이 책을 읽으면서 '자유'에 대해 깊이 생각해보게 되었다.

우리는 자유롭다. 이것은 우리의 본성이자 권리이다. 그런데 이 자유를 누리기 위해서는 반드시 알아야 할 것이 있다. 우리는 하나님의 자녀이며 그분 안에서만 진정으로 자유롭다는 것이다. 나는 진정한 자유란 하나님 안에서의 자유라고 생각한다. 우리가 진정한 자유를 누리려면 우리의 본질을 알아야 하며 그러기 위해서는 하나님을 알아야 한다. 다시 말해, 진정한 자유란 우리는 죄인이지만 하나님께서 자녀 삼아주셨음을 알고 그분 뜻에 따라 살아가며 그분을 향해 나아갈 자유인 것이다.

그런데 나는 여기서 한 가지 의문이 들었다. 만약 하나님으로부터만 진정한 자유를 누릴 수 있다면 세상에 하나님을 배제하고 쓴 자기계발서, 그리고 여러 가지 책들은 다 틀린 것일까? 그렇다면 우리가 높은 경지에 이르렀다고 알고 있는 공자와 맹자는 다 무엇이란 말인가. 하나님 없이 그런 경지에 이르는 것이 가능할까? 그런 생각을 하다가 나는 갑자기 한 가지 진실을 깨달았다.

그런 책들에 쓰여 있고 공자와 맹자가 말하는 사랑, 베풂, 정의 이런 것들은 모두 하나님의 성품이라는 것이다. 그들이 아무리 하나님을 모른다고 해도 그것들에 대해 말하고 연구하는 순간, 그들은 간접적으로라도 하나님에 대해 연구하고 있는 것과 다름없었다. 그리고 하나님께서는 그 성품을 올바르게 발휘하라고 창의력, 즉 새로운 것을 창조할 능력을 주신 것이다. 이것은 마치 선물로 주어진 기술과도 같은데, 우리는 이 기술을 통해 많은 사람들을 살릴 수도 있고 많은 사람들을 순식간에 죽일 수도 있다. 그러므로 우리는 이 은사를 사용할 때 반드시 하나님 중심으로 생각해야 한다.

　죄인인 우리들이 진정한 자유 속에서 살기 위해서는 하나님 중심으로 살아야 한다. 그런데 하나님을 알 필요 없이, 공자와 맹자같이 하나님의 품성만 따르며 살아도 괜찮다고 생각하는 사람도 있을 것이다. 그러나 모래 위에 지은 집이 과연 안전할 수 있을까? 기초가 튼튼하지 않으면 결국은 무너진다. 즉, 하나님 없는 아름다운 성품은 완전할 수 없다. 그 성품이 결국 하나님께 속해 있기 때문이다. 아무리 좋아 보여도 하나님이 없으면 진짜를 모방한 짝퉁일 뿐이고 짝퉁은 결국 가치가 없어 버려진다.

　따라서 결국 우리는 진짜 길로 걸어가야 한다. 그런데 하나님 속에 그분의 성품이 속해 있다는 것은, 그리스도인은 그리스도의 성품을 가져야 한다는 것과 똑같은 말이다. 우리가 악한 하나님, 방탕한 하나님을 생각할 수 없듯이, 우리 역시 이기심 가득한 그리스도인, 악한 그리스도인이 되어서는 안 되는 것이다. 다시 말해, 하나님께서 그분의 성품을 가지셨듯이 우리 그리스도인들도 그리스도인다운 성품을 지녀야 한다.

　하나님의 성품, 이것이 우리가 지녀야 할 진정한 성품이다. 그러기 위해서 우리가 지금 해야 할 것은, 삶 속에서 감사하고 최선을 다하며 예수 그리스도의 사랑을 전하는 것이다. 그렇게 삶 속에서 죄로부터의 자유를 선포해야 한다. 꿈을 찾아 나선 조나단처럼 우리도 진짜 자유를 찾아 용기 있는 비행을 하길 바란다.

하나님의 대사

유럽 나무 · 독일 가지 | **최하원** (10학년)

 나의 꿈은 외교관이다. 제목에 나오는 '대사'라는 단어 역시 외교관에 속한 부류라고 볼 수 있지만 '하나님의 대사'란 무엇을 의미할까? 세상 사람들이 알고 있는 '대사'와 우리 그리스도인들이 생각하는 '하나님의 대사'는 어떤 차이가 있을까? 책을 읽은 후에 나는 이 두 가지 질문을 갖게 되었다.

부끄럽게도, 이 책을 선택할 때 나의 시선과 초점은 오로지 '대사'라는 단어에 맞춰 있었고 '하나님'이란 단어에 대해서는 큰 의미를 두지 않았다. 즉, 나의 초점은 '내가 꿈을 성취하는 것'에만 맞춰 있었던 것이다. 그래서 책을 읽기 전에는 저자의 지식을 통해 외교관이라는 꿈을 향해 한 발짝 더 다가갈 수 있겠다는 기대감이 있었다. 그러나 내 기대와는 달리 책 속에는 저자의 기도와 하나님의 응답이 오가는, 한마디로 '기도행전'이 가득 차 있었다. 나의 예상과는 거리가 먼 이 책의 내용은 실망이 아닌 부끄러움과 성찰의 시간을 주었고, 내가 가지고 있던 두 가지의 잘못된 세상적 가치관을 발견하는 계기를 마련해 주었다.

첫 번째는 '교만'이다. 교만은 아마 내가 갖고 있는 세상적 가치관 중에서 가장 큰 부분일 것이다. 언제나 나의 초점은 '나의 성공'이었다. 내가 우선적으로 드러나는 삶을 원했고, 지금의 삶 역시 그러하다. 비교의식에 사로잡혀 내가 더 드러나길 원했고, 섬김을 통해서도 나 자신이 먼저 높아지길 바랐다. 그리고 그 속에서 만족감과 성취감을 느꼈다.

그런데 얼마 전 요한복음 Q.T를 하다가, 하나님께서 겸손의 마음을 주셨다. "나보다 먼저 온 자는 다 절도요 강도니 양들이 듣지 아니하였느니라"(요 10:8) 여기서 팔로워들을 양으로 비유한다면 리더는 목자이다. 우리는 종종 주님보다 먼저 실행하려고 나서고 드러나려고 나서는데, 그것이 절도와 강도라고 말씀하시는 것이다. 이 말씀을 보면서 하나님이 내게 겸손을 원하신다는 것을 느꼈다. 더불어 책 속에서도 저자가 삶에서 일어나는 모든 순간마다 겸손히 기도로써 구하며 100% 하나님의 힘으로 해결해나가는 모습을 보며 나에게도 겸손함이 필요하다는 것을 알 수 있었다.

두 번째는 '소통 부족'이다. 여기에서 말하는 소통은 하나님과의 소통을 의미한다. 책을 읽으면서 나는 저자가 부러웠다. 저자는 진정으로 하나님과 동행하는 사람이었기 때문이다. 우리가 친구들과 반에서 대화하듯이 그는 정말 몇 분, 심지어 몇 초 간격으로 하나님과 대화하고 응답을 받았다. 한마디로 저자와 하나님은 '친구'같은 사이였다. 나도 저자와 같은 신앙 관계를 맺고 싶었다.

주님은 항상 나를 기다리고 계시지만 지금까지 나는 주님과 대화하려고 하지 않았고, Q.T를 해도 말씀을 읽고 묵상하는 것에서 끝났다. 그러나 이제는 정말 소통하며, 친구처럼 거리낌 없이 다가가는 사이가 되고 싶다. 바로 이러한 모습이 구별된 그리스도인의 모습이 아닐까. 세상에는 언어에 능숙하고 지혜로운 판단을 할 줄 아는 외교관은 많다. 하지만 그리스도인으로서 저자처럼 하나님께 의지하고 소통하며 그분의 기준으로 판단하는 사람, 바로 그가 진정한 '하나님의 대사'일 것이다.

이 책을 읽으면서 발견하고 배우며, 내가 가진 질문의 해답을 찾을 수 있었다. "하나님의 대사란 무엇을 의미하며 일반 외교관과의 차이는 무엇일까?"란 질문의 답을 한 단어로 표현하자면, 바로 "중심"이다. 저자는 중심을 굳게 세우고 살아갔기에 '기도행전'을 통해 위대한 하나님을 경험하게 된 것이다. 나도 이제 내 안에 있는 세상적인 가치관을 버리고 하나님 중심의 삶을 살아가고 싶다.

"우리는 모두 하나님의 특명전권대사이다!"

책 뒤표지에 나오는 문구이다. 초반에 나의 꿈에 대해 이야기했었는데, 이제는 더 이상 중요하지 않다. 저자의 메시지는 외교관의 꿈을 품고 있는 사람만을 향한 것이 아니기 때문이다. 우리 모두의 역할이 곧 '하나님의 대사'이다. 즉, 직업상의 개념이 아닌 우리 모두가 지니고 나갈 가치관이자 정체성인 것이다. 만방 학생 모두가 하나님의 대사로서의 중심을 굳건히 잡고 우리나라의 대표를 넘어 하나님 나라의 대표가 되길 소망한다.

두 번째 숲
신앙, 믿음

지혜의 숲에서 만난 아이들

not a fan

나니아 연대기

성경을 사랑합니다

부활 1

새 왕 이야기

예수님이 나에게 어떻게 하셨나요

광야를 읽다

요셉

자유

not a fan

아시아 나무 · 동남아시아 가지 | **윤기현** (10학년)

신입생 때도 읽었던 이 책을 두 번째 읽으면서 좀 충격을 받았다. 내 삶이 아직도 변하지 않았으니, 이전에 읽었던 것이 무용지물이란 생각이 들었기 때문이다. 이 책은 나에게 진정한 믿음에 대해 알려 준다.

믿음이란 예수님과 친밀한 관계를 맺는 것이다. 그러나 예수님을 사랑하면서 다른 것들도 사랑하기 때문에 반쪽짜리 마음을 갖고, 진정한 그리스도인이 되는 것을 포기하는 사람들이 정말 많다.

나도 마찬가지이다. 예수님을 사랑한다고 고백하면서도 예수님이 아닌, 내가 원하는 삶을 살고자 하였고 나 자신에게만 너무 집중하였다. 또한 삶 속에서 받은 상처나 고난들로 힘이 들 땐 다른 사람에게로 날려가거나 다른 것들을 찾으려고만 하니, 하나님께서 나의 위로자가 될 수 없었다. 이처럼 나는 내가 우선이었고, 내 편함이 우선인 삶을 살고 있었다.

나는 진정한 안식의 길을 바라보지 못하고, 현재 내게 닥친 상황들에만 집중했다. 해야 할 숙제도 많고 곧 시험인데다 방도 관리해야 하는데, 할아버지까지 편찮으셔서 마음이 정말로 복잡했다. 이 시기에 나는 내 자신이 얼마나 연약한지 알게 되었고, 내가 할 수 있는 게 아무것도 없다는 것을 깨달았다. 이런 위기와 고난에 처한 나에게 예수님은 이렇게 말씀하신다.

수고하고 무거운 짐 진 자들아 다 내게로 오라 내가 너희를 쉬게 하리라 나는 마음이 온유하고 겸손하니 나의 멍에를 메고 내게 배우라 그리하면 너희 마음 이 쉼을 얻으리니 이는 내 멍에는 쉽고 내 짐은 가벼움이라 (마 11:28-30)

그동안 공부와 편안함에만 집중했던 나는 걱정과 염려로 마음의 쉼을 얻지 못했다. 이전에는 예수님의 이 말씀이 단순한 휴식을 얻게 해 주겠다는 말씀이라고 생각했지만, 이제는 그보다 더 깊은 뜻이 있음을 깨닫는다.

C.S.루이스는 『순전한 기독교』에서 이렇게 말했다. "그리스도는 이렇게 말씀하신다. '내게 전부를 주라. 너의 시간과 돈, 일의 일부는 필요 없다. 나는 너를 원한다. 나는 너의 육신을 고문하기 위해서가 아니라 죽이기 위해

왔다. 미봉책은 전혀 소용없다. 여기저기를 가지치기 해 봐야 소용없다. 내가 원하는 것은 나무의 뿌리를 뽑고 새 자아를 주는 것이다.'"

예수님께서는 우리 자신의 옛 모습, 헛된 것을 벗어버리고 그분께 우리의 삶을 주라고 하신다. 그러면 참된 자아를 주시고, 마음에 안식과 영원한 기쁨을 주시겠노라 약속하신다. 이것이 바로 기독교의 진리이며, 신앙생활의 기초이자 전부이다.

나는 그동안 내가 뜨겁지도 차갑지도 않은, 미지근한 신앙인임을 알았지만 변하려고 노력하지 않았다. 그리고 여전히 반쪽짜리, 미지근한 신앙에 머물러 있다. 그분을 외면함으로 인해 내 삶에 얼마나 많은 고통이 따랐는가. 아직 변화하기가 두렵지만, 생명을 위해서 주님께로 달려가고 싶다. 세상적인 것에 쫓기며 사는 삶이 아닌, 그분께로 달려가며 인생을 아름답게 완주하고 싶다.

사실 아직도 생각이나 말로만 할 뿐, 내가 진짜 제자가 될 수 있을지는 미지수다. 그러나 나의 작은 걸음 하나, 생각 하나하나가 주님의 제자가 되는 데에 큰 영향을 미치리라 믿는다. 그분과 동행하며 종교생활이 아닌, 마음이 통하는 신앙생활을 하고 싶다.

나니아 연대기

아프리카 나무·에티오피아 가지 | **노예찬** (8학년)

'나니아 연대기'는 내가 어렸을 때부터 많이 들어왔던 제목으로, 예전에 영화를 보면서 언젠가 책으로도 꼭 읽어보겠노라고 다짐했었다. 이토록 흥미가 생겼던 건, '나니아 연대기'란 영화가 유명해서이기도 하지만, 그 내용이 성경을 바탕으로 한 것이기 때문이었다. 결국 책으로 읽고 난 뒤, 많은 교훈과 깨달음을 얻을 수 있었다.

특히 이 책에 나오는 여러 일화들은 성경 속 이야기와 매우 비슷하다. 민지 않던 사람이 여행을 통해 믿음이 생기고, 어리석고 바보 같았던 사람이 고난을 통해 지혜롭게 되며, 나쁜 유혹에 빠진 사람이 어떤 결과를 얻게 되는지 보여주는 등의 내용은 성경 속 교훈과 매우 비슷하다.

그중 내가 정말 크게 감동받은 것은, 바다 건너 황제의 아들이라 소개되는 '아슬란'이란 사자에게서이다. 아슬란은 '나니아'란 나라를 지배하는 나쁜 마녀의 통치 아래서 살아가는 사람들을 대신하여 스스로 굴욕적인 희생을 당하게 되지만, 곧 다시 부활하여 나니아에게 평화를 되찾아 준다. 또한 아슬란은 주인공들의 곁에 함께 있을 때나 없을 때나 한결같이 그들을 도와준다. 주인공들이 슬퍼서 눈물을 흘릴 땐 함께 울어주고, 어려운 상황에 처했을 땐 지혜와 사랑으로 위기를 극복할 수 있도록 말이다.

이런 아슬란의 모습을 보며 예수님이 떠올랐는데, 그때의 감정과 감동은 말이나 글로는 표현할 수 없는 특별한 것이었다. 아무리 뛰어난 글도 표현할 수 있는 것에는 한계가 있기 때문에 우리는 저자가 표현할 수 있는 정도까지만 읽을 수밖에 없다. 그런 한계가 있음에도 이 정도로 큰 감동을 받았는데, 예수님의 진짜 사랑은 얼마나 크고 감격스러울까.

이렇게 가식이 아닌 진실된 감정을 느끼면서, 나의 부족함을 깨닫고 더 나은 사람이 되어야겠다고 다짐했다. 나는 좋아하는 일과 해야 하는 일 앞에서 후자를 선택하기까지 무수히 많은 고민과 노력이 필요한 사람이며, 나 자신과의 약속도 너무나 쉽게 깨뜨리고 양심에 위배되는 행동도 거리낌 없이 하는 사람이다. 이 외에도 아주 많은 것들이 있다.

이 책에 등장하는 인물들은 대부분 처음에는 매우 연약하고 어리석은 모습으로 등장하는데, 읽고 있으면 그들로 인해 답답하기도 하고 피식 웃음이 나오기도 했다. 그런데 돌이켜보니 나 역시도 그들과 다를 바가 없을 뿐 아니라, 오히려 그들보다 더 부족하다는 생각마저 들었다. 그러나 이제는 감사하게도 자책하는 것이 아니라, 예수님이 나와 늘 함께하신다는 것을 기억하고 그분을 나의 자랑으로 삼으며 살아갈 것을 다짐하게 되있다.

이 책을 읽으면서 감동받고 결심한 것이 또 하나 있다. 수많은 작가들이 있지만 명작을 쓰기란 여간 어려운 일이 아닌데, 이 책의 저자 C.S.루이스는 어떻게 이런 대작을 만들 수 있었을까? 그것도 하나님의 말씀을 이렇게 재미있고 감동적으로 담아낸 책을 썼다는 것에 매우 놀랐다.

아직 특정한 직업을 정한 건 아니지만, 내 꿈은 하나님께 영광을 돌리는 것이다. 다시 말해서 그분의 사랑에 보답하는 삶을 사는 것인데, C.S.루이스의 책을 읽고 이 작품 못지않게 여러 사람들에게 감동을 주는 작품을 만들고 싶어졌다. 나를 통해 어떤 열매가 맺혀질지 기대된다.

성경을
사랑합니다

유럽 나무 · 프랑스 가지 | **최하원** (10학년)

이 책은 내가 처음 접한 신앙서적으로, 읽으면서 신앙에 대해 무지하다는 것을 깨달았지만 얻은 것 또한 많은 책이다. 이전에는 별생각 없이 책을 골랐다면 이번에는 내게 꼭 필요한 것, 읽고 꼭 얻어야 하는 것을 확실히 알고 고른 책이다.

내게 가장 절실했던 것은 바로 '말씀'이었다. 저자는 30년 동안 몇 백 번을 반복해서 성경을 읽었고, 성경을 사랑한다고 고백한다. 하지만 나에게 여전히 성경은 어려운 과제이며 억지로 읽어야 한다는 생각을 하게 한다. 10여 년 동안 성경을 접했지만 단 한 번도 "성경을 사랑합니다"란 고백을 한 적은 없었다. 그래서 저자의 마음이 이해되지 않았고, 어떻게 저런 고백이 나올 수 있는 것인지 궁금했기에 이 책을 고르게 되었다. 그리고 이 책을 읽으면서, 성경에 대한 나의 잘못된 인식들을 알게 되었다.

첫 번째는 '믿음'이다. 하나님께서는 말씀을 통해 삶의 방향을 제시해 주시면서 우리를 사용하신다. 이것은 하나님과 우리가 소통하는 방법이기도 하다. 그러나 이제까지 나는 말씀 묵상을 할 때마다, 하나님께서 나와 함께 하신다는 믿음과 이 말씀들을 통해 하나님께서 나를 인도하신다는 믿음이 부족했음을 깨달았다. 말씀이야말로 하나님이 살아계신다는 증거이며 기본 진리인데도 말이다.

분명히 머리와 입으로는 믿는다고 했지만 정작 삶 속에서 나와 소통해 주시는 하나님을 믿지 않는다는 것을 깨달으니 부끄러워졌다. 그리고 더 겸손히 하나님께로 나아가야겠다고 다짐했다. 무엇보다 나를 하나님의 뜻대로 사용하신다는 사실을 기억하며 성경을 많이 읽고 묵상해야겠다고 결단했다.

두 번째는 성경과 말씀에 대한 '태도'이다. 어렸을 때부터 성경을 읽으라는 소리를 많이 들어서 그런지, 성경 읽는 것이 늘 귀찮기만 했다. 게다가 만방에 와서 늘 Q.T에 감사일기까지 써야 되니, 피동적인 신앙인이 되어만 갔다. 아마 대부분의 사람들도 나와 같지 않을까.

그러나 Q.T를 누군가가 시켜서 해야 하는 피동적인 일이라고 생각한다면 그것은 '태도'의 문제이다. 우리가 공부할 때도 선생님들로부터 많이 들는 말이 바로 '태도'이다. 공부를 열심히 하려는 태도, 즉 공부를 통해 실력을 쌓기 위한 원동력이 있어야 공부가 잘 되는 것이다. 태도만 바뀌어도 나의 삶이 변하고, 싫어했던 것이 좋아지는 경험을 누구나 해봤을 것이다.

저자는 성경을 사랑하라고 말하면서, 성경을 읽을 때 머리가 아닌 가슴으로 읽으라고 조언한다. 즉, 성경에 대한 우리의 태도를 바꾸라는 것이다. 묵상은 교과서처럼 지식을 얻는 과정이 아니기에 딱딱한 태도보다는 기대하는 태도가 필요하다. 따라서 이러한 과정을 소홀히 여기지 말고 정말로 가치 있는 것을 얻는 과정이라 여기며, 아낌없이 나의 시간을 내어 말씀을 묵상해야 한다. 믿음과 태도, 이 두 가지만 얻어도 모든 사람들이 성경을 사랑하게 될 것임을 확신한다. 이 책에서 가장 인상 깊었던 저자의 한마디가 있다. "성경 사랑이 하나님 사랑이다." 이 말을 통해 성경이 모든 신앙의 기초라는 것을 알게 되었다.

최근 내게 말씀이 절실했던 이유는, 삶이 무겁게 느껴졌기 때문이다. 10학년이 되면서 엄청난 양의 공부와 숙제로 힘들었지만, 이겨내리란 마음으로 학기 중반까지 오게 되었다. 물론 힘들어도 포기하지 않고 이겨내는 것도 좋지만, 나는 정말 막연하게 버티기만 한 것 같다. 그러던 중, 얼마 전 찬양팀 특송이었던 '광야를 지나며'란 찬양을 듣고 큰 위로와 힘을 얻었다.

'주님만 내 도움이 되시고 주님만 내 빛이 되시는 주님만 내 친구 되시는 광야 주님 손 놓고는 단 하루도 살 수 없는 곳 광야'

찬양을 들으면서 나의 상황과 딱 맞는 광야 같은 삶 속에서 나는 주님을 찾으려고 하지 않았음을 깨달았다. 광야는 주님 없이 단 하루도 살 수 없는 곳인데도 말이다.

찬양과 이 책의 내용을 모두 종합해보니, 이것이 바로 주님께서 나에게 주시는 메시지란 생각이 들었다. "하나님 사랑이 곧 성경 사랑이다." 그렇게 말씀으로 소통하면서, 하나님을 의지하고 사랑하며 동행하는 삶을 살길 간절히 바란다. 광야의 길을 걸을 때마다 "주님만이 나의 힘입니다"라는 고백을 하길 기도한다.

부활

아시아 나무 · 동남아시아 가지 | **이호열** (10학년)

 『부활』은 러시아 문학의 거장 톨스토이가 71세에 집필한 작
품이다. 고전 소설인 이 책은, 같은 이야기만을 반복하는 자
기계발서보다 훨씬 큰 영향과 감동을 준다.

이 책은 제정 러시아 시대의 화려한 상류층 사회와 그에 반대되는 농노
들의 생활, 그리고 억울한 죄로 끌려와 인간답지 못한 처우를 받는 죄인들
의 삶을 보여준다. 그 죄인들 속에 한때는 순수했으나 이제는 화려하고 타

락한 삶을 즐기는 카튜사란 한 여인이 등장하는데, 이 소설에서는 그녀를 타락시킨 장본인 네흘류도프 공작이 자신들의 타락한 모습을 벗고 선한 길로 돌아오는 과정을 그리고 있다. 따라서 '부활'이라는 제목은 죄로부터 살아 돌아오는 이의 모습을 나타낸다고 볼 수 있겠다.

이 책에 나타나는 상류층의 모습은 겉으로는 화려해 보이지만, 그 속에 숨겨진 그들의 생활을 보면 죄악에 물들고 오로지 자신만을 생각하는 이기심이 가득하다. 하류층의 생활은 극심한 빈곤으로 인해 '생존을 위해서'라는 말로 죄악이 당연시되고 있었다. 또한 행정 절차상의 문제로 억울하게 감옥에 들어온 죄인들은 그 안에서 죄악에 익숙해져만 갔다. 어떤 계층이든 죄악은 죄악을 타고 퍼져갔고, 이런 악순환의 고리는 끊길 수 없는 듯 보였다.

이런 상황 속에서 네흘류도프 공작도 사치에 빠져 살아가다가 법원에 배심원으로 참석하게 되었는데, 거기서 자신이 젊은 시절 실수를 범하여 타락한 길로 빠지게 했던 여인, 카튜사가 억울한 판결을 받게 되는 것을 보게 된다. 그녀가 법정에까지 설 정도로 타락하게 된 것은 자신 때문이라는 책임감과 죄책감을 느낀 네흘류도프 공작은 자신의 생활을 되돌아보며 사치스러운 생활을 청산한다. 그렇게 변화된 삶을 살게 된 네흘류도프 공작은 소유한 땅에서 나오는 수입에 삶을 의존해야 했음에도 모든 땅을 농노들에게 나누어 준다. 그리고 그의 이러한 변화는 결국 타락했던 카튜사에게도 영향을 주어 그녀를 다시 성실한 삶으로 돌아오게 만든다.

이 세상의 죄악의 순환고리 안을 들여다보면, 사람이 사람의 유·무죄를 결정한다. 그러나 사람을 통해 벌을 받은 사람은 그 벌을 통해서도 죄를 깨닫지 못하고, 사람을 통해 죄를 용서받은 사람 역시 죄에서 잠시 벗어난 듯

지혜의 숲에서 만난 아이들

보이다가도 이내 다시 죄악의 길로 돌아가게 된다. 이것은 사람을 통해서는 죄악으로부터 영원히 벗어날 수 없다는 것을 의미한다. 죄에서 완전히 끊어지지 않으면 다시 죄를 짓게 되고, 결국 죄의 악순환에서 벗어나 새 삶을 얻을 수 없는 것이다.

그러나 네흘류도프는 그 죄의 악순환을 끊고 나와서 자신이 타락시킨 카튜사까지도 죄의 영향력 밖으로 끌어낸다. 어떻게 허영심으로 가득 차 있던 이 젊은 귀족이 주변 환경으로부터 벗어나 죄의 악순환을 끊고 죄악으로부터 부활할 수 있었을까? 그것은 바로 그가 느낀 깊은 죄의식과 고통이, 죄에서 벗어나고자 하는 의지를 주었기 때문일 것이다. 이러한 과정은 결코 우연이 아니다. 분명 네흘류도프가 삶을 돌이키는 데까지는 하나님의 계획하심과 본인의 의지가 있었을 것이다. 그래서 저자는 이 작품의 제목을 '부활'이라고 한 것이 아닐까.

이 소설 속 주인공들의 삶 속에서 일어나는 죄의 악순환을 보며 그것을 끊는 것은 사람의 처벌도 용서도 아닌, 하나님의 계획하심과 죄에서 벗어나고자 하는 사람들의 강한 의지라는 것을 깨닫게 되었다. 소설 속의 상황처럼 우리도 죄의 늪에 빠져 벗어나지 못할 때가 있을 것이다. 그러나 이 같은 죄의 고리는 우리의 힘이나 강한 의지만으로는 결코 끊을 수 없다. 십자가에서 죄를 이기시고 다시 사신 예수 그리스도를 믿고 의지하며 나아가야 할 수밖에 없는 것이다.

세 왕 이야기

중국 나무·베이징 가지 | **한영주** (7학년)

이 책은 JG의 '함께 나누는 이야기'에서 소개되었는데, 그때 감동을 받아 이 책을 읽게 되었다. 읽으면서 깨어진 사람과 하나님의 기름 부으심 등, 이때까지 내가 생각해보지 못했던 주제들에 대해 깊이 생각해볼 수 있어서 감사했다.

이 책에 나오는 세 왕, 사울 왕과 다윗 왕과 압살롬이 나는 왠지 비슷하다고 느껴졌다. 사울 왕도 기름 부음을 받고 총명했으며, 다윗 역시 기름 부어진 사람으로 용맹하였고, 압살롬도 많은 사람들을 자기편으로 끌어들일 수 있을 만큼 유능한 사람이었기 때문이다.

그러나 이들은 분명히 달랐다. 다윗은 무엇보다도 하나님의 뜻을 항상 중요하게 여기며, 자신의 뜻대로 행하지 않고 오직 하나님의 뜻을 기다렸다. 그는 오직 하나님만이 아신다는 것을 알고, 하나님께 늘 순종했다.

이 내용을 읽으면서 나와 하나님과의 관계에 대해 다시 생각해보게 되었다. 나는 이제까지 하나님과 소통하지도 않았고, 모든 결정에 있어서 하나님의 뜻이 무엇인지 생각해보지도 않은 채, 내 뜻대로만 하려고 했다. 하나님의 뜻이 무엇인지 알기 힘들다고 합리화하며 그냥 넘어가곤 한 것이다. 사실 지금도 나는 하나님의 뜻이 무엇인지 잘 모르지만, 다윗의 모습을 보면서 그는 하나님의 뜻을 기다렸다는 것을 알 수 있었다. 이제까지 내가 너무 빨리 답을 원한 건 아니었는지 반성하게 되었다.

두 번째로 사울 왕과 다윗의 다른 점, 사울 왕은 깨어지지 않았지만 다윗은 깨어졌다는 것이다. 하나님께서는 수많은 사람들 중 깨어진 사람을 원한다고 하셨다. 다윗은 사울 왕으로부터 쫓겨 다닌 10년의 훈련 기간이 있었다. 다윗은 그 깨어지는 과정 가운데 정말 힘들었을 것이다. 나 같으면 하나님의 뜻대로 훈련받지 않았을 뿐더러, 사울 왕을 죽일 기회가 왔을 때 그 기회를 사용했을 것이다. 그러나 다윗은 하나님의 기름 부은 자를 자신의 뜻대로 함부로 해하지 않았다. 이러한 다윗을 보며 깨어지는 것, 훈련받는 것이 얼마나 중요한지 다시 한 번 깨닫게 되었다. 이처럼 훈련받고 깨어진 자가 하나님 나라를 위해서 쓰임 받을 수 있다.

어찌 보면 나는 이미 만방이라는 훈련소에서 훈련을 받고 있는 게 아닐까. 나는 아직도 깨어짐이라는 개념을 잘 모른다. 단지 깨어져야 쓰임 받을 수 있고, 썩어져야 더 많은 열매를 맺을 수 있다는 그 사실만 이해하고 있는 정도이다. 앞으로 졸업까지 5년 1개월이라는 시간이 남았는데, 앞으로 만방에서 더욱 훈련받으면서 깨어짐에 대해서 더 많이 알아가고 경험해 볼 수 있었으면 좋겠다.

이 책을 읽으면서 정말 다윗이 대단하다는 생각이 들었다. 하나님의 계획이라면 순종하고 받아들이는 그의 태도가 너무나 멋있었다. 하나님이 나에게 품고 계신 계획이 무엇인지 아직 잘 모르지만, 나도 다윗처럼 하나님의 계획대로 이루어지기를 바라며 하나님께 쓰임 받는 사람이 되고 싶다.

지혜의 숲에서 만난 아이들

세 왕 이야기

열방 나무 · 졸업반 | **김채린** (12학년)

이 책을 다 읽고 나서 수없이 펜을 들었다 놓았다를 반복했다. 지금까지 많은 책이 감동을 주고 내 생각에 여러 영향을 미쳤지만, 이 책만큼 내 마음을 흔들어 놓은 책은 없었던 것 같다. 직접적인 메시지가 아닌 세 왕 이야기를 통해 나를 대입시켜 되돌아볼 수 있었을 뿐만 아니라 내가 어떤 크리스천이었는지 점검해 볼 수 있었다.

사울 왕, 다윗 왕, 압살롬, 이 세 왕의 이야기와 나는 상관없어 보이지만 깊이 살펴보면 나와 연관 지어 비춰 볼 것이 너무나도 많았다. 먼저 사울 왕의 모습 속에 비춰진 나의 모습은 '두려움'이었다. 자신이 가장 뛰어나고 선택받은 사람이란 사실이 남에 의해 무너지지 않길 원하며 항상 최고의 자리, 인정받는 자리에서 권위를 지키고 싶어 하는 사울 왕의 모습이 나에게도 있었던 것이다. 그래서 마음 문을 닫고, 스스로 주변과 선을 그을 때도 있었다. 다른 사람들이 보기에는 내가 강해 보였을 수도 있지만, 그 속에 지배하고 있던 것은 아마 두려움이었을 것이다.

두 번째로 다윗 왕의 아들인 압살롬의 모습 속에 비춰진 나는 '스스로를 정당화하며 남을 비판하고, 결국에는 나를 자연스레 드러내며 높이는 모습'이었다. 이는 참 애매하고 교묘하지만 빠지기 쉬운 길인 것 같다. 나를 옳은 길에 놓기 위해, 남을 악한 길에 놓고 비판하며 결국에는 또 다시 권위를 얻고자 하는 그런 길. 사람들의 인정과 평판을 좇아가는 그런 모습이 내 안에 있었던 것이다. 어쩌면 이 모든 것이 타고난 성격이나 성품이라고 생각할 수도 있지만, 다윗 왕을 보면서 이러한 차이는 결국 하나님의 섭리이며 그 계획 속에 반응하는 나의 태도와 선택에 달려 있다는 것을 깨달았다.

"나는 그분의 능력이 아니라 그분의 뜻을 구하네." 다윗 왕의 이러한 고백은 그의 삶을 그대로 보여준다. 그는 섣불리 자기의 뜻이 하나님의 뜻일 거란 생각을 하지 않았으며, 하나님의 뜻에 아주 작은 흠집도 내지 않으려고 했다. 다윗은 참 온유한 사람이었다. 욕심도 화도 두려움도 야망도 가지고 있지 않았다. 그저 자신의 빈 잔이 하나님으로 인해 채워지고 또 비워질 때를 기다렸을 뿐이다.

우리는 하나님께서 나를 통해 이루실 것, 즉 '선물'을 바랄 때가 참 많다.

그러나 하나님께서 만들어 가시고 깨어 가시는 '깨어짐의 학교'를 나온 사람만이 진정 하나님께서 기다리시는 '유산'을 받을 사람들이다. 이러한 사람은 대단한 어떤 것을 거머쥐지도 않고 오히려 고난과 역경 가운데에 살아가지만, 깨어지고 다듬어진 후엔 하나님께서 그 사람을 통해 영광을 받으시고 그 이름을 높이실 것이다.

이 책을 다 읽은 후에, 좋은 책이란 확신은 있었지만 신기하게도 무엇을 실천하고 어떻게 변화해야 할지에 대한 계획이나 생각이 정립되지는 않았다. 어쩌면 이것이 바로 저자가 이 책을 통해 독자들이 얻길 바라는 것이 아닌가 하는 생각이 들었다. 결국 다윗을 깨어지게 하신 분도 하나님이며, 마음을 허락하시고 길을 인도하시는 분도 하나님이시니 말이다.

내 안을 비우는 것, '무언가를 행하는 것이 아니라 멈춰 서서 그분의 인도하심을 구하는 것'이 내게 필요한 태도일 것이다. 내 인생 자체, 그리고 만방학교 또한 깨어짐의 학교라고 생각하며 살아갈 것이다. 그러면 언젠가, 그분의 능력이 아니라 그분의 뜻을 구하며 하나님께 영광을 돌려드리는 삶을 살고 있지 않을까.

예수님이라면
어떻게 하실까

아시아 나무·동남아시아 가지 | **이범혁** (10학년)

어느 목사님께서 쓰신 소설인 이 책이 주는 메시지는 여느 다른 신앙서적이나 간증집보다 더욱 강렬하다. 400페이지 가량 되는 책의 내용이 전하는 메시지는 단 하나이다. 그것은 책을 읽는 동안에도 끊임없이 스스로에게 물어본 단 하나의 질문이다. "예수님이라면 어떻게 하실까?"

이 질문은, 소설 안에 등장하는 레이몬드 제일교회의 담임목사인 헨리

맥스웰로부터 시작된다. 그동안 화려한 문장과 영감 있고 독특한 통찰력이 돋보이는 설교에 집중하던 목사는, 한 실직 노동자의 호소에서 충격을 받고 돌이켜 전교인이 모인 앞에서 "예수님이라면 어떻게 하실까?"라는 질문을 삶 속에서 매순간 하며 살겠다고 서약한다. 그러면서 자신과 같이 어떠한 불이익을 받더라도 상관없이 예수님의 방식대로 살겠노라고 서약할 사람들을 모은다. 그러자 풍요와 번영과 명예에 빠져 세상과 어중간하게 타협하고 핑계만 대던 교인들이 움직이기 시작했다. 그리고 그들이 이 질문을 가지고 행동하기 시작했을 때, 하나님의 역사가 곳곳에서 일어났다. 성령의 역사로 인해 타오른 불길은 레이몬드 시에 하나님의 사랑이 필요한 곳곳으로 흘렀고, 결국에는 다른 도시의 교회들에게도 새로운 도전을 주게 된다.

저자는 이 책을 읽고 있는 나에게도 똑같은 질문을 던진다. "예수님이라면 어떻게 하실까?" 이 질문으로 비춰 본 나의 삶은 사실 예수님의 삶과는 거리가 멀었기에, 이 책을 읽는 내내 양심에 찔리고 부끄러웠다. 그래서 나는 비록 이 책이 소설이지만, 이 교회에서 선포되었던 서약에 동참하기로 결단했다. 그러자 그동안 보지 못하고 놓쳤거나 묵인해버렸던 것들이 하나둘씩 보이기 시작했다. 그리고 이제부터 지켜야 할 세 가지 목표를 세우게 되었다.

첫째, 부정적인 음악 듣지 않기. 그동안 내 mp3 안에는 찬양곡도 있었지만 부정적인 음악들도 정말 많이 있었다. 여태까지는 이런저런 핑계를 대며 계속 묵혀두고 있었지만 예수님이라면 분명히 부정적인 음악들을 듣지 않으실 것 같아서 다 지워버렸다. 또한 주변에서 친구들이나 동생들이 부정적인 노래를 듣고 있으면 조용히 노래를 바꾸거나 그런 노래의 부정적인 영향에 대해 설명해 주었다. 예수님이라면 특정 음악 장르를 듣지 말라고 하시기보다는 노래 한 곡 한 곡의 가사와 쓰인 목적, 작곡가 등의 요소들을 가지고 지혜롭게 분별하실 것 같았다. 그래서 친구들과 동생들에게도 강요하기보다는 좋지 않은 점을 알려 주면서 단호하게 권면하였다. 앞으로도 부정적인 음악들이 만방에서 사라지도록 노력할 것이다.

둘째, 모른 척하지 않기. 예수님이라면 친하지 않은 동생들이 외출 나갈 사람들을 구할 때 모른 척하지 않으셨을 것 같다. 사실 나도 친한 동생이나 친구들하고만 외출하고 싶지만, 예수님은 절대 그러지 않으셨을 거란 생각이 계속 내 마음을 불편하게 했다. 그래서 이젠 정말 특별한 사유가 아니면 친하지 않은 동생들이 같이 가자고 한 부탁을 거절하지 않고, 내가 먼저 찾아가기도 할 것이다.

셋째, 최선을 다해 공부하기. 예수님이라면 공부할 때 최선을 다하셨을 것 같다. 예수님도 공생애 기간 전, 목수의 일을 정말 열심히 하시며 준비하셨다. 예수님은 주어진 목수의 일이 자신에게 이익이 되는지를 따져 이익이 되는 일에만 최선을 다하지 않으셨을 것이다. 따라서 나도 과목을 구분 짓지 말고 모두 최선을 다해 공부해야겠다는 생각이 들었다. 그동안은 너무 어렵다는 이유로 중국어 과목을 내려놓았는데, 예수님이라면 어렵다는 이유로 중국어 과목을 소홀히 하시지는 않으셨을 테니까 다시 한 번 노력해 볼 것이다. 모르는 것은 질문하고, 숙제도 최선을 다해 성실하게 할 것이다.

여전히 내 삶에는 문제가 많다. 하지만 이제는 용기를 내어 예수님의 삶을 기준으로 삼고, 조금씩 더 닮아가며 살아가고 싶다.

지혜의 숲에서 만난 아이들

광야를 읽다

중남미 나무 · 니카라과 가지 | **김진웅** (9학년)

광야를
읽다

성경에는 광야가 정말 많이 나온다. 출애굽기, 민수기, 신명기의 배경도 모두 광야이며, 세례 요한도 광야에서 외쳤고, 예수님도 40일 동안 광야에서 기도하셨다. 이 책은 이 모든 것의 무대가 되는 광야를 이야기하고 있다.

수많은 자기계발서에서는 인생을 '산'(山)에 비유하며 어떻게 하면 성공하고, 정상의 자리에 오를 수 있는지 그 비결을 알려 준다. 하지만 성경은 정상의 자리에 오르는 법을 알려 주는 대신 어떻게 하면 광야의 길을 누리며 걸어가고, 가나안 땅에 들어갈 수 있는지를 이야기한다. 우리의 목표는 성공하고 출세하는 것이 아닌, 가나안 땅에 들어가는 것이다.

우리는 애굽, 즉 죄의 땅에서 하나님의 부르심으로 광야로 나왔다. 그러나 광야에는 정해진 길이 없다. 오늘 있던 모래 언덕이 내일이면 사라지는 일이 허다하다. 이처럼 광야에서는 모든 것이 불확실해지며 앞길을 알 수 없다. 또한 광야에는 아무것도 없기 때문에 작물을 재배할 수도, 집을 짓고 살 수도 없다.

그러나 이러한 광야에서 하나님은 우리와 함께 계신다. 하나님은 구름기둥과 불기둥으로 우리를 인도하시며 메추라기와 만나를 내려 주시고 새벽마다 이슬이 내리게 하신다. 하나님이 광야에서 주시는 은혜는 우리의 의식주이며, 그 은혜가 아니면 얼마 못 가 쓰러지고 말 것이다. 그러므로 하나님과 함께하는 광야는 죽음의 땅이 아닌, 축복의 땅이다.

이 책을 읽으면서 내가 있는 곳이 어디인지 생각해 보았다. 아직도 애굽 땅에 있는지, 홍해를 앞에 두고 있는지, 광야의 한복판에 있는지, 아니면 가나안 땅에 가까이 왔는지를 말이다. 나는 지금 막 홍해를 벗어난 것 같다. 이전에는 하나님을 지식적으로만 알았다면 만방에 온 뒤로는 어떤 특별한 체험 가운데에서만 역사하시는 하나님이 아닌, 날마다 말씀의 만나를 내려 주시고 일상 가운데 함께하시는 주님을 만나게 되었다. 나를 잡고 있는 세상의 끈을 홍해의 물로 끊고 하나님의 위대하심을 체험한 것이다. 그러나 만나의 맛에 너무 익숙해진 상황이기도 하다. 하나님의 은혜에 너무 익숙해져서 더 이상 감격하지 못하는 상태 말이다.

지혜의 숲에서 만난 아이들

이 책에서는, 광야 생활을 하는 동안에는 애굽에서 가졌던 것들을 바라면 안 된다고 이야기한다. 광야에서는 만나를 먹을 수 있는 것에 감사해야 하고, 1m도 안 되는 로뎀 나무의 그늘에도 감사해야 하며, 새벽마다 내리는 이슬에도 감사해야 한다. 광야를 지날 때에는 케이크가 아니라 만나를 구해야 하고, 황금이 아니라 생수를 구해야 한다. 즉, 광야에서는 축복이 아닌 은혜를 구해야 하는 것이다. 지금 나에게 가장 필요한 것은 감사와 은혜를 구하는 기도이다.

하나님의 은혜로 이 광야라는 성장과 성숙의 길을 완주할 수 있도록 기도하며 나의 유일한 네비게이션인 불기둥과 구름 기둥만을 따라가야 한다. 그러면 광야를 나와서 하나님이 우리에게 허락하신 약속의 땅, 가나안에 들어갈 수 있을 것이다.

요셉

중남미 나무 · 볼리비아 가지 | **김예진** (9학년)

이 책을 읽으면서 예전에는 별생각 없이 넘겼던 성경 한 구절 한 구절을 자세히 알게 되었고 그 속에서 지혜도 얻을 수 있었다. 또한 요셉의 삶을 통해 일상 속에서 하나님의 뜻을 어떻게 찾아가는지도 알 수 있었다.

요셉은 정말 드라마 같은 인생을 산 인물이다. 나는 요셉의 인생을 통해서, 하나님께 선택받은 인생을 하나님께서 어떻게 선하게 이끌어 가시는지를 알게 되었다. 선하게 이끌어 가시는 그 과정에는 성공과 이익만이 있을 것 같지만 요셉의 인생에는 쓰디쓴 기간이 정말 많았다. 노예로 팔려가고 누명을 쓴 채 감옥에 가기도 하면서 왜 이런 일이 일어나는지 이해되지 않는 순간들도 많았을 것이다. 하지만 하나님은 요셉을 위해 그 과정을 허락하셨고 요셉은 이를 통해 하나님의 마음을 더 알게 되어, 더 깊어지고 온전한 인격의 소유자로 변화될 수 있었다. 그 과정에서 담금질된 요셉은 나중에 성공과 부를 누리는 자리에 있을 때도 전과 같이 하나님 앞에서 겸손할 수 있었고, 자신을 해한 모든 사람의 죄를 용서할 수 있었다. 요셉의 삶을 보면서 나는 하나님이 우리를 당신의 자녀로 준비시키기 위해 쓰디쓴 과정들도 주신다는 것을 깨달았다.

요셉을 만들어 가신 동일한 하나님께서는 지금 만방에 있는 나의 삶 속에서도 일하신다. 나도 만방에서 다듬어져 가면서, 때론 아픔으로 인한 두려움과 걱정 때문에 큰 그림을 보지 못하고 주저앉을 때가 정말 많다. 하지만 앞으로는 이 순간들을 통해 내 삶을 하나님께 영광 돌리는 삶으로 만들어 가실 것을 확신하며 감사할 것이다. 또한 앞으로 살아가면서 만나게 될 이해되지 않은 상황들이나 힘든 상황 가운데에서도 언제나 하나님의 뜻을 바라보는 내가 되었으면 좋겠다. 그렇게 큰 그림을 바라보면서 하나님을 신뢰하고 순종하는 삶을 살고 싶다.

하나님이 우리에게 말씀하시거나 메시지를 보내실 때, 그 뜻을 오해하면서 힘든 것을 피하려고 하는 것은 항상 우리 자신이다. 그러나 이렇게 걱정과 두려움으로 피하기만 한다면 하나님이 우릴 통해 이루실 일들을 경험할 수 없을 것이다. 내 삶에서 어떤 문제에 직면했을 때나 도전해야 할 상황이 올 때, 하나님께 기도하면서 그 뜻을 구하고 내 부정적인 생각과 두려움 보다는 하나님이 이루실 가능성을 보며 도전하고 확신으로 나아가야겠다는 생각이 들었다.

정말 여느 인간과 다르지 않고 연약했던 요셉을 하나님께선 신실하게 이끌어 주셨다. 요셉은 처음부터 그렇게 변화되어 있는 사람이 아니었다. 하나님이 순전히 요셉을 만져 주셨기 때문에 그분의 자녀답게 다듬어질 수 있었던 것이다. 요셉을 사용하신 하나님의 뜻은 너무나 넓고 선해서 우리의 눈으로는 헤아릴 수 없다.

하나님은 날 만방학교로 이끄셨고 사용하실 계획을 가지고 계신다. 내가 성장하면서 겪는 어려움들은 그 큰 계획 안에 있는 작은 과정일 뿐이다. 요셉을 이끄신 하나님이 나의 하나님이신 것을 기억하면서, 요셉처럼 어떠한 어려움과 좌절에도 인내하며 하나님의 계획을 신뢰할 것이다.

지혜의 숲에서 만난 아이들

복음 안에서
발견한 참된 자유

열방 나무 · 예비졸업반 | **최준원** (11학년)

 '자유'란 단어는 참 매력적으로 들린다. 억압된 환경으로부터
해방되어 개인의 선택이 허락된 셈이니 기쁘지 않을 수가 없
을 것이다. 하지만 우리가 생각하는 이 '자유'의 기쁨은 참 저급하고 의미 없
는 곳으로부터 나왔다는 것을 이제 와서야 깨닫는다.

옛날부터 나는, '하나님은 왜 아담과 하와가 선악과를 따먹도록 놔두셔서
지금까지 우리가 죄를 짓게 하셨을까?'란 질문을 많이 했었다. 정말 여러 번

생각해보고 선생님과 상담하면서 깨달은 것은, 하나님께서는 우리가 선택하며 살아갈 수 있는 자유를 주셨다는 것이다. 즉, 우리가 스스로 원하는 대로 선택하고 가꾸어 갈 수 있는 기회를 주신 것이다.

그러나 여기서도 궁금증이 생겼다. '내가 원하는 대로'라면, 악한 내 모습 그대로 나쁜 짓만 하며 살아도 되는 것일까? 그러나 이 의문에 대한 답도 이미 나와 있었다. 우리가 그렇게 행동하는 것은 하나님의 뜻이 아니라는 것이다. 즉, 우리에게 지키라고 말씀하신 것을 감사함으로 기쁘게 행할 수 있는 것이 곧 하나님의 뜻이다.

이 책을 읽기 전 나는, 남들과 비교해서 내가 더 잘난 것에 대해 기뻐하고 나의 자존감을 높이기 위해 스스로를 치장하며 내가 남보다 뛰어나다는 것을 드러내려는 사람이란 사실을 인식하지 못했다. 그리고 인간의 본성적인 상태는 '교만'이라는 말을 듣고 적잖은 충격도 받았다. 남들보다 더 성공하고자 하고 더 많은 돈을 벌려 하며 남들보다 더 좋은 차를 타고 더 비싼 옷과 가방을 사려 하는 것이 모두 자신을 뽐내려고 하는 교만이었다니. 책을 읽으면서 자기만족이라는 말은 절대 있을 수 없다고 느꼈다. 자기만족은 곧 자신과 다른 사람을 비교해서 공허함과 불안을 해소하기 위한 방법일 뿐이었다. JD기간 동안 내 삶뿐만 아니라 주위에 가득한 이런 교만한 모습들을 쉽게 발견할 수 있었다.

이 책을 읽지 않았다면, 또 만방에 오지 않았다면 이러한 사실을 몰랐을 것이다. 하나님 없이도 스스로 살아갈 수 있고, 하나님과 상관없이 인간으로서의 존엄을 지켜낼 수 있다고 믿었을 것이다. 또 하나님 외에 다른 것에서 삶의 의미를 삼을 만큼 중요한 목적을 발견할 수 있다고 생각하며 허공을 좇으며 살았을 것이다.

스티브 잡스가 한 말이 생각난다. "자부심을 느끼게 해 준 사회적인 인정과 부는 결국 닥쳐올 죽음 앞에서 희미해지고 아무런 의미가 없어진다. 이제야 나는 깨닫는다. 우리는 부와 무관한 것을 추구해야 한다는 것을…."

인간이 정한 행복과 성공의 기준을 좇아가고, 그 기준에 맞춰 살려는 모습이 매우 어리석었다는 것을 느낀다. 남들처럼 좋은 대학에 가서 성공하기 위해 공부하는 것 역시 마찬가지이다.

심판은 이미 끝났다. 우리는 구원받았을 뿐만 아니라 하나님은 우리를 사랑하시고 기뻐하신다. 하나님께서 우리를 예수 그리스도 안에서 거듭나게 하셨고 복음 안에서 자유를 주셨기 때문에, 우리는 거듭난 존재로만 머물러서는 안 되고 예수 그리스도를 닮아가야 한다. 이것은 우리의 행위에서 난 것이 아니고 우리가 잘났기 때문도 아니기에, 결코 자랑하거나 교만해서도 안 되며 나태해져서도 안 된다. 더욱 경쟁력 있게 성장해서, 인간이 만든 세상적인 틀이 아닌 하나님께서 허락하신 복음 안의 자유를 세상 가운데 보여주며 전하고 싶다.

세 번째 숲
삶, 가치

지혜의 숲에서 만난 아이들

돈으로
살 수 없는 것들

아시아 나무 · 동남아시아 가지 | **오우빈** (10학년)

'면죄부를 판 돈으로 어려운 사람들을 도와주면 오히려 좋은 일이 아닐까?', '대학 입학 자격을 팔아서, 공부를 하고 싶어도 형편이 안 되는 학생들에게 장학금으로 주면 모두에게 이익이 되지 않을까?' 이처럼 경제학자들은 불평등하거나 강압에 의한 거래가 아니라면 시장의 공정성이 모두를 만족시킬 수 있다고 주장한다. 세상에는 돈으로 살 수 없는 것들이 있지만, 요즘에는 그리 많이 남아있지 않다. 모든 것이 거래 대상이 되고 있기 때문이다.

캘리포니아 주(州) 산타아나 시(市)를 포함한 일부 도시에서는 폭력법을 위반한 수감자들을 제외하고는, 추가 비용을 지불하면 깨끗하고 조용하면서 다른 죄수들과 떨어져서 지낼 수 있는 개인 감방으로 옮길 수 있다. 그런가 하면 의회 공청회를 참관하려는 로비스트를 대신해 국회의사당 앞에서 밤새 줄을 서고 좌석을 확보하는 대리 줄서기 서비스도 있다. 또한 아프거나 나이 든 사람이 가지고 있는 생명보험 증권을 사서 피보험자가 살아있는 동안 보험료를 대신 납부하고 그들이 사망하면 사망 보험금을 수령하는, 돈벌이가 300억 달러짜리 산업이 뜨고 있는 실정이다. 이처럼 우리는 무엇이든 사고팔 수 있는 시대에 살고 있다.

그러나 이 책의 저자 마이클 샌델 교수는 시장의 공정성을 통한 자원의 효율적 배분이 모두에게 이로울 거란 주장에 반박하고 있다. 그는 이 사회에는 돈으로 구매할 수 있는 것과 없는 것이 분명히 있으며, 돈으로 구매해서는 안 되는 성(性), 입학자격, 노벨상, 환경, 사회봉사까지 돈으로 사고팔면 인간으로서 지켜야 할 도덕적 가치가 밀려난다고 말한다.

세상 사람들은 '돈으로 살 수 없는 것은 없다'고 말한다. 하지만 모든 것을 돈으로 가치를 매긴다면 정말로 소중한 것이 무엇인지 잊어버리게 될 것이다. 그 안에 내포되어 있는 '진짜 가치'를 구별해야 한다. 함께 웃고 우는 '기쁨', 힘들 때 나를 붙드는 '소망', 나를 감싸는 따뜻한 '평안', 모든 것을 견디는 '사랑', 이것들은 그 무엇과도 바꿀 수 없는 소중한 것들이다.

각자 살아온 성장 배경과 현재 처한 상황들은 모두 다르지만 세상의 수많은 가치와 상황 속에서도 그 모든 것들을 아우르는, 변치 않는 '진정한 가치'가 있다. 그리고 우리는 이미 그 가치를 부여받은 사람들이다.

　이 책은 우리에게 가짜 가치들이 지배하고 있는 세상에서 진정한 가치를 이해하며 그에 따라 살아가고, 더 나아가 진정한 가치를 따르는 세상을 만들라고 권면하고 있다. '무엇이 정말 소중한 것인가? 그리고 어떻게 살아갈 것인가?'라는 질문에 우리는 '삶으로' 답해야 한다.

행복의 특권

아프리카 나무 · 에티오피아 가지 | **강응찬** (8학년)

나는 좀 더 행복하게 살고 싶어 이 책을 읽기 시작했다. 우리
는 대부분 '열심히 노력해서 성공하면 행복이 저절로 따라올
것이다'라고 생각한다. 이는 누군가가 우리에게 암묵적으로 가르친 결과이
다. 그래서 우리는 내일의 행복을 위해 오늘도 부지런히 달리면서 스스로를
위로한다. '돈을 많이 벌면, 좋은 대학에 가면, 이번 시험을 잘 보면…, 분명
히 행복할 거야'라고. 그러나 이러한 생각들은 모두 '성공이 먼저! 행복은 나

지혜의 숲에서 만난 아이들

중!'이라고 말하고 있다.

성공하면 모두 행복한 걸까? 정말로 성공이 행복으로 이어진다면, 좋은 직장에서 일하는 사람이나 성적이 높은 사람처럼 자신이 하는 일에 성공을 거둔 사람들은 모두 행복해야만 할 것이다. 그러나 현실을 그렇지 않다. 오히려 성공을 거둘 때마다 성공의 목표가 높아져만 가기 때문에 행복은 점점 멀어질 뿐이다.

나는 지금까지 성공하기 위해 열심히 살았다. 성공해서 꼭 행복해지고 싶었기 때문이다. 그러나 내 나름대로 정해둔 성공 기준에 가까워질 때마다 다음 목표는 더욱 높아졌고, 행복은 점점 더 멀어져 갔다. 그러다 이 책에서 "행복은 성공의 결과물이 아니라 성공을 이끌어 내는 원동력이며, 행복하고 긍정적인 사람이 성공할 수 있다"라는 구절을 읽는 순간, 그동안 나는 행복을 잊은 채 성공만을 바라며 살고 있었음을 깨닫게 되었다. 그토록 행복해지기 위해 끝없는 싸움을 벌이며 살아왔는데, 행복에 가까워지기는커녕 목표만 높아져 있었던 것이다.

이제야 알게 되었다. 행복해지려면 주어진 상황 속에서 감사하며 살아야 한다는 것을 말이다. 이 책은 '감사'에 대한 나의 관점을 바꾸어 놓았다. 감사는 나를 행복하게 만들 수 있는 유일한 도구란 것이다. 나는 그동안 감사하는 것을 숙제처럼 여길 때가 있었다. 하지만 앞으로는 감사는 당연히 해야 하는 것이라고 여길 것이다.

또한 작고 사소한 일에 감사하는 것부터 시작할 것이다. 아무리 작고 사소한 일이라도 그냥 지나치지 않고, 불평불만하지 않을 것이다. 불평불만은 나를 화나게 하고 짜증나게 만들어서, 감사하지 않게 만들기 때문이다.

이처럼 하루하루 사소한 일들부터 감사하기 시작한다면 매일의 감사가 모여 긍정적인 생각을 하게 만들고, 그렇게 긍정적인 사람이 되면 매일 행복을 느끼게 될 거라고 믿는다. 결국, 행복은 성공 후에 찾아오는 것이 아니라 날마다 느끼고 찾을 수 있는 것임을 알게 되었다.

지혜의 숲에서 만난 아이들

길을 묻다

아프리카 나무 · 부르키나파소 가지 | **안소엘** (8학년)

책의 제목을 처음 봤을 때, '길을 묻는다는 것이 무슨 뜻일까?' 하는 생각이 제일 먼저 들었다. 책을 읽어보니 정말 힘이 되는 말들도 많고 스스로 결단하게 하는 내용들도 많았다. 이 책을 읽고 나서 전체적인 내용을 세 가지로 정리해 보았다.

첫 번째는 '공동체 속의 나'이다. 이 책에는 사람과 사람 사이에 관한 이야기들이 많은데, 그중에서 가장 기억에 남는 내용은 '계란 프라이처럼 되어라'였다. 이는 '완전히 사람들 속에 섞이지 말고, 그렇다고 너무 떨어지지도 말라'는 의미인데, 정말 맞는 말 같다. 사람들 속에 너무 섞이다 보면, 나만의 개성도 잃어버리고 그들의 문화를 따라갈 수밖에 없다. 그렇게 그들 속에 형체를 알아볼 수 없도록 섞여버리면 자기 자신을 제대로 볼 수 없게 되어, 내 것이 아닌 다른 사람의 생각만을 따라가게 된다. 그렇다고 사람들과 너무 떨어져서 삶은 달걀처럼 되면 이기적으로 변할 것이다. 주변에는 아무도 없고, 사람들 속으로 들어가려고 하지 않으니 자신밖에 모르는 사람이 되는 것이다. 따라서 계란 프라이처럼 붙어 있지만 각자의 형체가 보이는 그러한 공동체가 되어야 한다.

두 번째는 '인생 속의 나'이다. 이 책은 어떠한 마음을 가지고 인생을 살아야 하는지를 계속 이야기하고 있는데, 그중에서 '인생 속 배움은 검색 속 배움보다 더 크다'라는 내용이 가장 기억에 남는다. 지금 우리는 어떤 것을 찾으려고 할 때 인터넷을 켜서 검색한다. 하지만 검색으로는 찾을 수 없는 세상이 있다는 것을 깨달았는데, 그것은 바로 내가 가진 추억이다. 내가 가진 추억을 검색창에 적으면 아무것도 나오지 않지만, 내가 직접 추억의 장소로 간다면 많은 것을 느끼고 알 수 있다. 따라서 앞으로는 인터넷보다는 내 삶 속에서 더 많이 경험하고 배우며 내 마음에 '인생 속' 검색어를 많이 저장해 두어야겠다고 다짐했다.

마지막으로는 '세상 속의 나'이다. 이 중에 가장 기억에 남는 내용은 '돈, 권세, 세상의 것들은 신 포도'라는 것이다. 이 내용을 보며 오늘날의 세상 사람들의 모습이 떠올랐다. 대부분은 돈과 권력을 얻기 위해 열심히 일하고, 학생들마저도 좋은 대학에 가면 돈도 많이 벌고 행복할 거라 생각하며

지혜의 숲에서 만난 아이들

열심히 공부한다. 하지만 막상 돈과 권력을 얻게 되면 그러한 것들이 진짜 행복이 아니란 걸 깨닫지만, 사람들에게 보여주고 자랑하기 위해 일부러 행복한 척을 하다가 결국에는 지치고 만다. 그러나 나는 이제 세상의 것들을 따라가지 않을 것이다. 그리고 눈을 돌려 진정한 행복을 바라보며 따라갈 것이다.

　나에게 주어진 삶을 살아가면서 이 세 가지를 지키는 것이 어려울 수도 있을 것이다. 그러나 그때마다 깨닫고 다짐한 것들을 되새기면서 앞으로 나아가는 내가 되길 소망한다.

평생 감사

중남미 나무 · 니카라과 가지 | **한영서** (9학년)

요즘 '감사'에 대해 많이 배우고 있는데, 이 책을 통해 '감사'라
는 단어와 더 가까워짐을 경험할 수 있었고 평생을 이 단어와
계속 함께해야겠다고 다짐하게 되었다. 또한 그동안 내가 얼마나 감사가 부
족했고 필요한 사람이었는지 깨달을 수 있었고, 많은 도전을 받았다.

첫 번째는 '일상의 감사'이다. 매일매일 반복되는 하루가 당연하거나 지
루하다고 생각될 수도 있다. 그러나 매일의 일상은 기적이다. 매일의 일상

속에 당연하다고 여기던 공기, 물, 햇빛이 없다면 우리는 살 수 없다. 날씨가 흐리다고, 춥거나 덥다고 불평할 자격이 없다는 것이다. 나아가 내가 건강하고 사랑하는 가족이 내 옆에 있다는 것은, 내가 잘나서 주어진 것이 아니라 모두 다 하나님의 은혜이다.

이렇듯 우리는 날마다 오직 하나님의 주관하심과 은혜 가운데 살아가고 있다. 어떤 특별한 일들이 기적이 아니라 오늘 아프지 않다는 것, 믿고 의지할 가족이 내 옆에 있다는 것, 무사히 하루를 마칠 수 있다는 것 자체가 기적이자 감사인 것이다. 버이킷은 이런 말을 했다. "평범한 삶에 대해 감사하는 자세는 하나님께 드리는 최고의 감사기도이다."

두 번째는 '제로 감사'이다. 제로 감사가 막막하게 느껴지기도 하지만, 한편으로는 많은 도전을 받았다. 욥은 의로운 부자였다. 부와 재물을 누리고 있었지만, 하나님만을 경외하고 악을 멀리했던 인물이었다. 그러나 엄청난 재앙으로 인해 그가 가지고 있던 모든 것들이 한순간에 사라져버린다. 열 명의 자녀를 하루아침에 잃고, 아내마저도 욥에게 하나님을 욕하고 죽어버리라고 저주하며 떠났고, 재산은 물론 건강까지 잃게 된다. 그러나 그는 하나님을 원망하거나 불평하지 않고, 하나님께 엎드려 경배하였다. 주신 자도, 취하신 자도 여호와이심을 알았기 때문에 아무것도 없는 제로 상태에서도 하나님께 감사한 것이다.

욥을 보면서 만족을 측정하는 내 마음의 온도계가 많이 올라가 있음을 느낄 수 있었다. 그래서 내가 가진 나의 위치를 과대평가하는 교만함과 조금씩 멀어져야겠다고 다짐했다. 매일 밤, 잠자리에 들 때마다 생명을 주님께 반납하고 아침에 되돌려 받는 감사를 누릴 것이다.

세 번째는 '가시 감사'이다. 우리는 누구나 자신을 찌르고 괴롭게 하는 가시를 지니고 있다. 그러나 그 가시로 인해 단순히 아파만 하는 것이 아니라, 그것을 통해 감사해야 한다. 사도 바울은 육체의 가시가 있었다. 이로 인해 그는 너무나 고통스러워서 이 가시를 제거해달라고 간절히 기도했지만 하나님의 응답은 'No'였다. 'No'를 통해 바울은 많은 것을 배울 수 있었다. 그는 불평하지 않고 주님의 뜻에 순종하며 감사했다. 그 가시는 바울을 더욱 겸손하게 만들었으며 주님을 의지하게 하였고, 세상 영광에 집착하지 않게 하였다.

우리가 구할 때, 주시거나 주시지 않는 것은 주님의 뜻이다. 내가 바꿀 수는 없다. 그러나 순종의 태도는 내가 선택할 수 있다. 이미 하나님께서는 내 아픔과 필요를 아신다. 그러므로 가시를 통해 주님께로 이끄시는 그분 앞에, 아프지만 순종하며 감사하는 태도를 가져야 한다.

아침에 눈을 뜨는 순간부터 잠자리에서 눈을 감는 시간까지 하루를 감사로 채우고 싶다. 좋은 일만 있어서 감사하는 게 아니라, 일상 속에서 내 앞에 주어지는 모든 일들로부터 감사하려고 한다. 예를 들어, 전화선 공사로 인해 전화가 안 되서 통화를 할 수 없을 땐 가족의 소중함을 느끼며 감사하고, 몸 컨디션이 좋지 않을 땐 그동안 건강할 수 있었음에 감사하며 건강을 더욱 지켜야겠다는 경각심을 가질 수 있음에 감사하는 것이다. 물론 앞으로 나에게 어떤 일들이 찾아올지 모른다. 감사하려고 하다가도, 내가 부족하거나 교만해서 감사하기 힘들 수도 있을 것이다. 그러나 나는 감사하는 삶을 절대로 포기하지 않을 것이다.

슬로씽킹

중남미 나무 · 멕시코 가지 | **윤지희** (9학년)

'Slow thinking is smart working'이란 제목을 가진 이 책을
처음 받고 '나한테 이 책을 왜 추천해 주셨을까?' 하는 생각이
들었다. '더 느리게 생각해 보라는 뜻인가?'

사실 나는 'Slow'라는 단어는 살아가는 데 있어서 별로 도움이 되지 않
는 단어라고 생각했다. 하루는 24시간으로 한정되어 있고, 특히 만방에서
는 1분 1초 단위로 움직이니 'Slow' 보다는 'Fast'가 더 실질적으로 필요하다

고 생각했기 때문이다. 이 책에서는 나와 같은 생각을 가진 사람들을 '퀵 픽스'(Quick fix)에 익숙해진 사람들이라고 표현하는데, '퀵 픽스'(Quick fix)란 '빨리 빨리'를 원하는 것으로 말 그대로 모든 것을 '빠름 모드'로 해결하려는 것이다. 몸 회복도 빨리, 식사도 빨리, 생각도 빨리, 심지어 사랑도 빨리 하려는 것이다.

이 책을 읽으면서 첫 번째로 든 의문은 과연 '빨리'가 '더 효율적임'을 의미하는 걸까 하는 것이었다. 처음에는 '그렇지'하고 긍정적인 대답이 떠올랐지만, 책을 읽으면서 그렇지 않다는 것을 알게 되었다. 이것은 학습적인 부분에서도 드러난다.

예를 들어 저녁 자습 때 해야 할 숙제들을 놓고 계획을 세울 때, 나는 보통 시간에 기준을 두고 계획을 세웠다. 즉, 1교시, 2교시, 때론 3교시까지 해야 할 숙제들의 순서를 정해 놓고 제 시간 안에 빨리 끝내는 것을 목표로 한 것이다. 그러다 보니 확실히 시간의 여유가 생겨 '아, 오늘 하루도 열심히 시간 관리를 하고 살았더니 시간이 남았구나'라고 생각했지만, 사실 시간에 너무 얽매이다 보니 때로는 중요한 숙제도 대충대충 하고 넘어가거나 이해를 다 하지 못하고 넘어갈 때도 있었다. 그날 공부할 때는 빨리 끝나서 효율적이라고 생각했지만, 다음 날 선생님께서 심화문제를 알려 주실 때면 알아듣는 게 거의 없어 어쩔 수 없이 그다음 날 아침 일찍 일어나 처음부터 다시 시작하는 일이 많았다. 결국, 'Fast working'이 반드시 'Smart working'이 되지는 않는다는 이야기이다. 천천히 깊게 생각하는 '슬로우 픽스'(Slow fix)는 어쩌면 내가 생각하는 것보다 훨씬 큰 영향력을 갖고 있다는 생각이 들었다.

그렇다면 어떻게 '슬로우 픽스'(Slow fix)를 내 삶에 적용시킬 수 있을까 고민하다가 책을 통해 전체적인 스케치를 그릴 수 있었다. 예전에는 '하루'를 위한 공부를 하였다면, 이제는 '내일을 위한 오늘'을 그리며 생활하는 것이다. 이 책에서는 큰 목표와 비전으로 시작하더라도 '하루'의 계획을 짜고 이루어가는 것이 바로 '슬로우 씽커'(Slow thinker)들의 방식이라고 말한다. 이처럼 장기적인 관점을 기반으로 세운 단기 목표들은 우리들의 마음가짐과 실력 향상에도 도움이 된다고 한다.

지금까지 나의 생활을 돌아보면, 무언가 늘 비어 있는 생활에 불안해했던 것 같다. '남들은 벌써 자신의 잔을 거의 다 채워가고 있는 것 같은데, 내 잔은 아직도 많이 남았네'라고 비교하며 비어 있는 잔을 빨리 채우고 싶어 한 것이다. 하지만 우리 한 사람 한 사람의 잔은 모양도, 크기도, 채워져 있는 내용물들도 모두 다 다르다. 하나님께서 우리를 다르게 만드셨고, 서로 다른 모습을 통해 더 배워가게 하셨기 때문이다.

이 책을 읽고 나서는 '비어 있는 잔을 어떻게 빨리 채워 넣을 수 있을까'가 아니라 '오늘 이만큼이 채워져 있네'하며 한 번 더 감사하게 되었고, 남들과의 비교 대신 삶의 방향에 대해 더 생각해보게 되었다. 기다릴 것이 남아 있는 인생은 아름답다고 하지 않는가. 멀리 보며 차근차근 해나가는 내가 되었으면 좋겠다.

세상을 바꾼 질문

중남미 나무·페루 가지 | **윤기현** (9학년)

사람이 세상의 다른 존재와 구별되는 특징은 무엇일까? 동서 고금을 막론하고 '생각'을 꼽는다. 현생 인류의 생물학적 명칭 인 호모 사피엔스 역시 '생각하는 사람'이란 뜻이다. 동양의 성현인 공자와 맹자, 서양의 성현인 플라톤과 아리스토텔레스 역시 '생각할 수 있는 힘'을 사람이 다른 존재와 구별되는 특징이라고 보았다.

그렇다면 생각이란 무엇일까? 머릿속에 뭔가 떠오르는 것, 머릿속에서 흘러가는 것들을 다 생각이라고 부르지는 않는다. 예를 들어 표상을 떠올리거나 '기쁘다', '슬프다' 등의 감정이나 느낌은 생각하는 것이 아니다. 인간을 '생각하는 사람'이라고 부를 때의 '생각'은 이런 것들이 아니다. 여기서 말하는 생각이란 변화하는 환경에 발맞추기 위해 기존에 알았던 것, 익숙한 것을 되돌아보고 앞으로 문제를 해결할 방안을 고안하는 과정을 통틀어 일컫는 말이다. 이러한 생각은 항상 질문과 함께 시작하는데, 만약 질문이 없다면 생각도 없을 것이다. 익숙한 것들로 현재의 문제를 해결할 수 없을 때 인간은 질문을 던진다. 그런 점에서 인간 문명의 역사는 바로 질문의 역사라고도 할 수 있다. 정작 처음 질문을 던진 사람은 전혀 의식하지 못했던 사소한 물음 하나가 이후의 역사를 완전히 뒤바꾸어 놓은 사례는 이루 헤아릴 수 없을 정도로 많다.

이 책에서 나오는 로마 클럽(Roma Club)은 여러 나라의 지식인들이 모여서 결성한 연구소로, "지속 가능한 발전은 가능한가?"라는 질문을 바탕으로 보고서를 썼다. 이 연구소가 1972년에 쓴 '성장의 한계'는 세계 37개국에서 1,200만 권이나 팔리는 베스트셀러가 되었는데, 이 책은 유한한 지구에서 무한한 성장은 불가능하다고 주장하며 적정 인구를 유지하고 동시에 환경을 보호하여야 이 문제를 해결할 수 있다고 말하고 있다. 로마 클럽은 '1972년 당시의 기술 수준이 앞으로도 계속 유지될 것'이라는 잘못된 전제를 세우긴 했지만, 로마 클럽에서 던진 질문 덕분에 지금과 같은 에너지원 탐사 기술에 많은 투자가 이루어질 수 있었다. 그 질문이 없었다면 종이, 금속, 플라스틱과 같은 자원의 재활용이 정착될 수 있었을까.

이처럼 우리는 질문을 통해 생각하며, 생각을 통해 새로운 발상 속에서 방법을 찾아낸다. 이 책에 나온 질문을 던진 인물들은 사회를 보는 다른 시각으로 인해, 부당성에 대응하기 위해, 인류의 과거를 돌아보면서 '더 나은 세상'을 위해 질문을 던졌다.

우리의 삶은 선택의 연속이며 질문의 연속이다. 그러므로 누구나 살면서 과거를 돌아보며 스스로에게 질문을 던질 수 있다. 우리는 질문하고 역사는 답한다. 또한 현재에도 우리는 자신에게 질문을 던짐으로써 작게는 자신의 삶을 바꾸고 더 나아가서는 세상을 바꿀 수도 있다.

이 책을 읽으면서 나는 '내가 고쳐나가야 할 부족한 점은 무엇일까'하고 스스로에게 질문해 보았다. 그리고 내 안에 있는 열등감과 부정적 사고 등의 결점을 발견하며 계속된 질문과 생각을 통해 해답을 찾아나가고 있다. 이처럼 '질문'이 어떤 사람에게는 터닝 포인트가, 어떤 사람에게는 양심을 움직이게 하는 도구가, 또 어떤 사람에게는 삶을 살아가는 원동력이 될 수 있다. 생각한다는 것은 축복이며, 질문한다는 것은 생각의 첫 단계가 된다. 그리고 생각은 우리를 더 나은 방향으로 움직이게 할 것이다. 계속해서 자신에게 또는 공동체에 꼭 필요한 질문을 해나가면서 나 자신, 더 나아가 세상을 변화시키는 내가 되고 싶다.

천국의 열쇠

아시아 나무 · 중앙아시아 가지 | **강지윤** (10학년)

이 책을 읽으면서 사울 왕과 다윗 왕이 생각났다. 세상의 눈으로 보면 사울 왕은 늠름하고 용맹하며 많은 업적을 이루었던 왕이었고 다윗 왕은 쫓겨 다닌 유약한 왕으로 기억되지만, 시편을 보면 불안한 삶을 산 것처럼 보이는 다윗 왕에게 오히려 천국의 평화가 있었음을 알 수 있다.

이 책의 주인공, 프랜시스 치점 신부는 사람들이 보기에 불안한 삶을 살았다는 점에서 다윗과 같다. 그러나 천국의 열쇠를 분명하게 쥐고 있었던 점에서도 다윗과 같다. 치점 신부는 다른 신부와 주교 사이에서 소위 말하는 '문제아'였다. 꼭 참석해야 하는 중요한 자리에 가지 않고 아픈 소년 곁을 지킨다든지, 교리에 어긋나는 말이나 태도를 보이는 등 주변 사람들이 이해하지 못하는 행동을 했기 때문에 다른 성직자들에게서 비난을 받는다.

치점 신부의 '이상한 행동'은 파송 받은 중국 땅에서도 계속되었다. 그 전에 있던 신부와 달리 성도들에게 '월급'을 주지 않아 유일하게 남은 성도였던 왕씨 부부마저 떠나게 하고 먼 중국 땅에서 혼자가 된다. 또한 선교를 시작한지 얼마 안 되었을 때 치점 신부는 마을의 재력가인 챠씨의 병든 아들을 고쳐주게 되는데, 챠씨는 그 답례로 치점 신부를 찾아가 개종하겠다고 한다. 성도가 단 한 명도 없던 시기에 큰 영향력을 가진 챠씨가 성도가 된다면 자연스럽게 다른 사람들도 오게 될 거라는 것을 치점 신부는 분명히 알았지만, 챠씨의 마음이 단지 감사 표시인 것을 알았기에 이를 거절한다. 그리고 1년 후에 선교 생활을 마치고 다시 고향으로 돌아갈 준비를 하는 치점 신부에게 챠씨가 찾아와 "종교의 좋고 나쁨은 거기에 몸담은 자의 생활 태도를 보면 가장 잘 알 수 있지요. 신부님, 당신은 스스로 모범을 보임으로써 저를 정복하셨습니다."라고 말하고는 하나님을 영접하게 된다. 이렇듯 치점 신부는 답답하리만치 이 세상과 타협하지 않은 채, 하나님의 방법을 따르며 느리지만 확실하게 중국에서 하나님의 나라를 만들어 갔다.

이와 반대로 치점 신부의 어릴 적 친구였던 '밀리'는 주교가 되어 좋은 집, 좋은 옷을 가지고 유명 인사들과 매일 화려한 식사를 하며 치점 신부와는 정반대로 풍족한 삶을 산다. 둘 중에 누가 더 천국에 가까워 보이는지 묻는다면 열에 아홉은 밀리 주교라고 할 것이다. 그러나 책을 읽다보면 하나님 나라의 열쇠는 금과 보석이 아닌 나무로 만들어졌을지도 모른다는 생각이 든다. 물론 초라하고 볼품없는 저런 나무 조각이 진짜 천국의 문을 여는 열쇠일까 하는 의심도 들 것이다. 하지만 화려한 열쇠가 꼭 맞는 열쇠는 아니라는 것을 치점 신부는 계속해서 자신의 삶으로 증명해낸다.

부나 명예나 세상적인 가치를 따라가며 '성공적인' 삶을 살고 그 보상으로 받게 되는 화려한 황금 열쇠는 우리에게 아무것도 약속해 주지 않는다. 좁은 길을 가다가 더 이상은 힘들어서 엎드릴 때에야 비로소 눈앞에 십자가 모양의 나무 열쇠가 보이고 그것이 우리에게 천국을 약속해 주는 것이다.

그렇다면 '천국의 열쇠는 누구에게 있는가'라는 질문에 우리는 어떻게 답해야 할까? 천국의 열쇠는 겉모습이 아니라 그 내면에 하나님과 하나님의 사랑과 하나님의 평화가 있는 사람에게 있다고 생각한다. 자신의 일에 하나님을 도구로 쓰는 게 아니라 하나님의 일에 자신이 도구가 되는 사람, 자신이 도구가 되는 것에 책임을 지는 사람에게 천국 열쇠가 있지 않을까.

소설 속의 가상인물이긴 하지만 치점 신부의 꿋꿋함을 배우고 싶었다. 그는 남의 황금 열쇠보다 자신의 손 안에 있는 작은 나무 열쇠가 후에 가장 크고 영광스러운 문을 열게 될 것이라고 확신했다. 치점 신부의 삶을 보면서 나도 나무 열쇠를 쥐고 끝까지 걸을 수 있을까 하는 생각을 많이 하게 되었다. 그리고 오랜 생각 후에 내린 결론은 쥐고 싶다는 것이었다. 나는 작은 나무 열쇠를 손에 꼭 쥐고 싶다. 내 손 안에 천국의 열쇠가 있으면 가는 길마저 천국이라는 것을 믿는다. 후에 내가 천국 문에서 열쇠를 넣어 돌리기도 전에 문을 활짝 열어 나를 안아주실 하나님을 기대하며 살아가겠다.

신에게 보내는 편지

아시아 나무 · 동남아시아 가지 | **조민준** (10학년)

이 책을 읽고 나서 내가 살아가는 하루하루가 얼마나 소중하고 귀한지, 또 내가 건강한 몸으로 살아가고 있다는 것이 얼마나 감사한 일인지 더 알게 되었다. 이 책은 오스카라는 암에 걸린 아이가 육체는 점점 죽어가지만 내면은 점점 성장하는 모습을 담은 감동적인 책으로, 오스카가 인생의 마지막 10일 동안 매일 신에게 편지를 보내며 인생의 목적과 사랑을 찾아가는 내용이 담겨 있다. 오스카는 고작 초등학생에 불과한 어린아이지만 인생의 끝을 향해 달려가는 모습은 매우 어른스럽다.

오스카는 자신에게 주어진 시간이 얼마 남지 않았다는 것을 알게 된 후, 하루를 10년처럼 생각하며 지낸다. 그렇게 100살(10일)까지 살며 점점 성숙해지는 모습을 볼 수 있는데, 극심한 고통을 느끼고 머지않아 죽음이 올 거란 사실을 알면서도 자신의 인생을 마지막까지 아름답게 끝낸다.

오스카는 하루를 10년이라고 생각하며 '하루'의 가치를 소중하게 보았다. 그러나 나의 '하루'를 생각해보면 낭비하는 시간과 노력들이 너무 많았다. 내일의 하루가 당연하고, 지금 이 순간은 지루하고 의미가 없었다. 하지만 '10일을 남긴 사람들에게는 하루가 어떤 가치일까?'라는 생각을 하며 내 모습을 반성하였고 나의 마음을 다시 재정비하는 시간을 가지게 되었다.

매일 누군가를 섬기고 도울 수 있어 감사했지만 점점 습관처럼 당연하게 여겨졌고, 내 인생의 주인은 '나'인 것처럼 살아가고 있었다. 다시 말해, 처음에는 나에게 선한 마음을 주신 하나님께 감사했지만 시간이 흐를수록 '내가' 누군가를 도울 수 있음에 뿌듯해하며, 나의 '하루'를 허락하신 분이 누구인지 잊고 산 것이다.

하지만 오스카가 날마다 신에게 자신의 아픈 점과 감사한 점을 쓰는 것을 보며 나의 행동이 얼마나 잘못되었는지 깨닫게 되었다. 또한 위로받아야 할 어린 오스카가 자신이 안 볼 때만 몰래 우는 가족들을 겁쟁이 같다고 표현하면서도 그들을 더욱 위로하고 이해하며 안아주는 모습에 큰 감동을 받았다. 특히 오스카가 죽은 후, 할머니가 쓴 글이 가장 기억에 남는다. "우리는 그 아이를 돌보지 못하였습니다. 하지만 도리어 그 아이에게 보살핌을 받았습니다."

자기 숨의 한계를 느낄 때까지 남을 위해 축복해 주는 것. 이런 오스카의 모습은 예수님을 떠올리게 하였다. 죽기까지, 자신을 죽인 자들마저 축복해주신 예수님. 생활관에서 조금만 불편해도 티를 팍팍 내는 나의 모습과는 얼마나 정반대의 모습인가. 나는 불편을 겪으면 바로 정색하며 상대방의 잘못을 하나하나 지적한다. 내가 짜증났다는 감정을 표현했을 때, 상대방은 분명 기분이 상했을 것이다. 어린 나이의 오스카를 보면서 그러한 나의 모습과 태도가 어떠했는지 되돌아보며 더 깊이 반성할 수 있었다.

　17년 동안 살아오면서 나에게 많은 변화가 있었다고 생각했다. '나도 이제 웬만큼 어른이 된 것은 아닐까' 하는 생각이 들 때도 있었지만, 그것은 내가 '어른'의 정의를 잘못 알았기 때문이다. 20살이 넘고 나이를 먹는다고 다 '어른'이 되는 것이 아니라, 내 인생을 나를 위해서가 아닌 그분을 위해 드리고 다른 사람을 위해 살아가는 것을 마음으로 이해할 때 진정한 어른이 된다는 것을 알게 되었다. 어른이 된다는 것에 대해, 이 책을 통해 조금이라도 더 배운 것 같아 감사하다. 배운 것들을 내 삶에 적용하며 진정한 어른으로 자라나고 싶다.

청소부 밥

중국 나무·베이징 가지 | **김하은** (6학년)

이 책은 정말 따뜻한 책이다. 바쁜 회사 일에 치이고 그로 인해 가족들에게도 좋은 남편과 아빠가 되어 주지 못해 아내와 싸우며 점점 무기력해지는 AAA사의 사장 로저에게 그의 회사에서 청소부로 일하고 있는 밥(Bob)이 멘토가 되어 준다. 밥은 자신의 아내인 앨리스가 알려 준 여섯 가지 지침들을 로저에게 매주 하나씩 이야기해 주며 로저가 인생의 소중한 것들을 되찾을 수 있게 도와주고, 로저는 밥의 이야기를 들으면서 천천히, 그리고 확실하게 변해간다.

여섯 가지의 지침 중 나도 두 개 정도 실천해 보았는데, '지쳤을 때는 재충전하라'와 '투덜대지 말고 기도하라'는 것이었다. 계속해서 숙제만 하느라 지쳐서 생각도 잘 안 나고 집중력이 떨어져 계속 딴 생각만 할 때, 책을 읽거나 강아지와 놀면서 잠시 머리를 식힌 후에 다시 해보니 머리가 맑아져서 더욱 집중이 잘 되었다.

또 내가 처한 좋지 않은 상황에 대해 불평하기보다 더 이상 악화되지 않고 좋아지게 해 달라고 하나님께 기도했는데, 정말 그에 대한 응답도 있었다. 내가 직접 실천하며 겪어보니, 밥 아저씨의 지침은 뜬구름 잡는 거창한 이야기가 아니라 행동하기도 쉽고 효과도 엄청난 것들이었다.

책 내용 중에 특히 밥 아저씨 부부가 이 세상에서 주어진 시간을 다 보내고 하나님 곁으로 갔을 때, "나의 착하고 충실한 아들, 딸아! 잘 해냈구나." 라는 칭찬을 꼭 듣고 싶다고 말하는 장면이 마음에 확 와닿았다. 나도 하나님께 이런 말을 들으면 어떨까 하고 상상해 보았는데, 상상만으로도 정말 행복했다. 말로는 표현이 되지 않을 만큼 말이다. 또한 밥 아저씨와 앨리스 아주머니처럼 열심히 살면서, 소중한 것들을 놓치고 허무하게 살고 싶지 않다는 생각이 들었다.

이 여섯 가지 지침들을 바탕으로 하나님께 칭찬받을 수 있는 인생을 살고 싶다. 그리고 내게 많은 것을 가르쳐 주고 느끼게 해 준 밥 아저씨처럼, 이제는 내가 밥 아저씨가 되어 누군가의 지치고 힘든 삶에 행복과 기쁨을 채워 주고 싶다.

이렇게 내 삶에 큰 도움이 되고 근사한 책을 읽을 수 있게 되어 감사하다. 또한 앞으로 살면서 밥 아저씨가 알려 준 지침들만큼 쉽게 지킬 수 있고, 보고 듣기만 해도 마음이 따뜻해지는 그런 나만의 지침들을 만들어서 여러 사람들에게 힘이 되어 주고 싶다.

네 번째 숲

리더, 영향력

지혜의 숲에서 만난 아이들

나를 변화시킨 사람들
내가 변화시킬 사람들

아시아 나무 · 동남아시아 가지 | **고준** (10학년)

'어느 누구에게나 영향력이 있다', '성장과 변화', '서번트 리더십' 등은 만방에서 최소 한 번 이상은 듣게 되는 말이다. 왜 그럴까? 이 말들은 사실이기 때문이다. 이 책에서도, 사람이 인생을 살아가면서 평균 1만 명의 사람들에게 영향력을 미친다고 말하고 있다. 이 말은 곧 내가 친구들에게 무심코 한 말과 행동, 나 혼자만의 생각, 평범하게 생활한 모든 것들이 누군가에게 영향을 미칠 수 있다는 말이다.

이 책은 리더를 권위자가 아닌 '영향력'이라고 정의하고, 많은 사람들의 예시를 통해 그 영향력이 어떻게 하면 선하게 쓰일 수 있는지 가르쳐 주고 있다. 그중에서 내가 새롭게 알게 된 것과 마음에 와닿은 것들을 이야기하고자 한다.

첫째, 영향력은 낮아지는 것에서부터 시작된다. 우리는 흔히 '섬김'이란 말을 많이 쓰는데, 그렇다면 언제, 어디서, 어떻게, 누구를, 무엇으로 섬겨야 한다는 말인가? 책을 읽으면서 이 질문에 대한 답을 생각해 보았는데, 예수님이 하신 일들을 통해 답을 쉽게 찾을 수 있었다. 내 이웃을 사랑하며 부족한 곳이 보이면 내가 먼저 그곳으로 발걸음을 옮기는 것, 이것이 바로 섬김의 시작이란 생각이 들었다. 나를 낮추고 남을 높이는 것이 사람의 참모습이 아닐까. 나는 자격이 있는 사람이 아니라, 자격을 받은 사람이라고 생각하면 스스로 낮아지게 된다.

돌아보니 나는 내 일을 하는 것에만 급급했고, 나의 시선은 오로지 나에게만 향해 있었다는 것을 알게 되었다. 더 이상은 안 되겠다 싶어서 몇 가지 실천사항을 정했다. 4층 생활관의 세면실과 화장실 슬리퍼 정리가 안 되어 있을 때가 많은데 보는 즉시 청소할 것, 어지럽혀져 있는 방이나 반을 봤을 때 청소기와 빗자루를 들고 청소할 것. 만방에 처음 와서 지금까지 수없이 강조했던 것을 지금에야 실천하려고 하니 부끄러웠지만, 지금이라도 하나씩 실천하리라고 다짐해본다.

둘째, 영향력은 모범에서부터 시작된다. 즉, 모범이 되어야 선한 영향력을 미칠 수 있는 것이다. 예를 들어, 영향력 있는 교육자가 되려면 학생들에게 모범을 보여야 하는 것이고, 또 영향력 있는 정치가가 되려면 국민들에게 모범이 되어야 하는 것처럼 말이다. 평소 수업시간에 떠드는 친구가 '조용히 하자'라고 했을 때 그 말을 따라주는 사람은 몇이나 될까.

나는 지금 만방에서 아시아 나무에 속해 있다. 다시 말해 형의 자리에 있는 것이다. 따라서 동생들이나 동기들 누구에게나, 나의 영향력을 어떻게 쓸 것인가는 나의 행함에 달려 있다. 만방에서 배우는 것들을 나부터 행하는 것, 이것이 모범적인 삶이 아닐까.

셋째, 영향력은 용기에서부터 시작된다. 모범적인 삶과 겸손함으로 준비되었다면 이제는 직접적으로 영향을 주기 위해 행동하는 용기가 필요한 것이다. 아주 작은 용기만 가지고 행동해도 그에 대한 영향력은 매우 크다. 세상으로 나가 용기를 갖고 섬긴다면 —처음에는 참견 많은 사람이란 소리를 듣게 될지도 모르지만— 시간이 지날수록 용기 있는 작은 행동들이 진가를 발휘하여 주위 사람들에게 선한 영향력을 미치게 될 것이다.

그동안 나는 집 앞의 쓰레기 분리수거장이 지저분하거나 집 정리가 잘 안 되어 있어도 나랑은 별로 상관없는 일이라 여기며 살았다. 그러나 이제는 나의 좁은 시선과 관심을 넓혀서 작은 일이라도 내가 할 수 있는 일을 찾아, 누구도 의식하지 않고 행동으로 옮길 수 있는 용기를 가질 것이다.

이 책의 제목이 '나를 변화시킨 사람들 내가 변화시킬 사람들'인데, '내가 변화시킬 사람들'보다는 '그분께서 나를 통해 변화시키실 사람들'이란 말이 더 맞는 말 같다. 제자처럼 살아가려는 나의 작은 몸부림이 파동을 일으켜 세상을 흔들리게 하면 좋겠다. 나를 통해 일하실 그분을 의지하고 살아가며, 내게 주어진 영향력이 진짜 영향력 있게 쓰일 수 있도록 노력할 것이다.

관계로 승부하는 리더의 영향력

중남미 나무·멕시코 가지 | **남서현** (9학년)

관계로
승부하는
리더의
영향력

나는 요즘 리더의 자리에서 수많은 한계들을 만난다. 만방에 와서 배웠던 대로 열심히 섬기고 보이지 않는 자리에서 헌신하며 동역자들을 위해서도 기도했다. 그런데도 리더의 자리에 있는 현재 내 모습에서 채워지지 않는 부족한 무언가가 있는 것 같은 느낌이 들었다. 그러던 중 우연히 이 책을 보게 되었는데, 책의 표지에 적혀 있는 '사람을 포용하라'는 말에 눈길이 갔다. 리더의 자리에서 흔히 겪게 되는, 관계에서 오는 어려움에 대한 조언을 얻을 수 있을 것 같아서 이 책을 읽기 시작했다.

저자 존 잭슨은 리더십 유형을 사령관 유형, 지휘자 유형, 감독 유형, 상담자 유형 이렇게 4가지로 분류했는데, 리더십 유형을 검사하는 BIT 검사를 통해 측정해 본 결과 나는 '지휘자 유형'이었다. 책에서 '지휘자 유형'은 '안정된 환경과 규칙, 완벽함을 추구하는 분석적인 성격'이라고 설명하고 있었는데, 나와 80%이상 일치하는 것 같다. 그런데 책을 읽던 도중 이러한 유형의 리더는 '계획적이고 근면하며 믿을 수 있는 사람이지만 때로는 냉정하고 차가운 사람처럼 보일 수 있다'는 글을 보고 매우 놀랐다. 부모님께 많이 들어왔던 이야기이기도 하고, 내가 지금 힘들어하는 부분이기 때문에 많은 공감이 되었다.

유형 검사를 해보면서 내 리더십의 장점과 보완할 점들을 객관적으로 보고, 나를 되돌아볼 수 있는 시간을 가질 수 있었다. 지금까지 나는 나름대로 진실되게 사람을 대하고 있다고 생각했지만 누군가는 그런 내 모습으로 인해 상처받을 수 있을 거란 생각이 들었다. 또한 사람과의 관계보다 일을 완벽하게 끝내는 것에 더욱 초점과 목적을 두었기 때문에 나 자신과 다른 사람에게 많은 것을 기대하기만 할 뿐 이해하려고 하지는 않았던 것 같다.

일을 제대로 끝내는 것도 물론 중요하지만 그 과정 가운데에서 나와는 다른 성격을 지닌 사람들을 이해하고, 그들과 조화를 이루어 내는 것이 얼마나 값지고 귀한 일인지를 먼저 깨닫는 것이 더 중요한 일임을 알게 되었다. 물론 나의 기준과는 다른 사람들을 이해하는 데 있어서 많은 갈등과 충돌이 생길 수도 있다. 그러나 함께하는 공동체와 미래를 기대하는 마음이 있다면, 그것도 기꺼이 감수할 수 있는 용기와 인내가 필요하다. 따라서 좋은 리더로 성장하기 위해서는 나 자신을 내려놓고, 더 많이 내어주고 받아들이며 이해해야 한다.

진정한 리더란 꼭 무언가를 하거나 어떤 자리에 있는 사람이 아니라, 인격을 가진 사람 자체로서 인정받는 사람이다. 또한 권위와 직책을 뛰어넘어 사람들을 포용하는 사람이다. 말로는 알지만 행동으로 실천하기는 정말 쉽지 않은 일이다. 특히, 나는 내 안에 지금까지 알게 모르게 자리 잡고 있던 고정관념 때문에 더 그러했다. 예를 들어 어떤 공동체를 이끌어야 하는 자리에 있다면 그 안에 있는 다른 사람들에게 명령하는 것이 당연하다고 생각했다. 그래서 쌍방향적인 소통보다는 일방적인 전달에 더 익숙해져 있었다.

그러나 이 책을 통해 나는 리더의 자질 중 하나인 '소통'에 대해 고민해보게 되었다. 다른 사람에게 선한 영향력을 보여주기 위해서는 인간 대 인간의 관계가 잘 형성되어 있어야 하고, 그렇게 친밀한 관계가 되기 위해서는 소통이 빠질 수 없다. 소통하기 위해서는 우선 그 사람을 인격적으로 품고 사랑하는 마음이 필요하다. 리더의 자리에서 해야 할 일에 대해 부담을 느끼기보다는 리더다운 성품을 길러서, 리더와 따르는 사람들과의 관계 이전에 친구와 친구의 관계로 다가간 후 영향력을 넓혀가는 사람이 되어야겠다. 이 책을 통해 내가 어떤 장단점을 가진 사람인지와 그것들을 조화롭게 만들어 가는 방법에 대해 알게 되었고, 내가 고민하고 있는 부분들에 대해 조금 더 배울 수 있었다.

위대한 영향력

아프리카 나무 · 탄자니아 가지 | **신도현** (8학년)

영향력에 대해 배우고 싶고, 개인적으로 쓰고 있는 섬김 노트
의 키워드를 만드는 데 도움이 될 것 같아서 이 책을 고르게
되었다. 이 책은 어떤 것들이 진실로 남들에게 영향력을 줄 수 있는지에 대
해 자세히 설명하고 있다. 이 책을 통해 다른 사람을 어떻게 대해야 하고 어
떻게 하면 나의 잘못된 인격을 고칠 수 있는지에 대해 배울 수 있었다. 무엇
보다도 리더십에 관해서는 '인격'이 얼마나 중요한지를 알게 되었다.

이 책을 읽으면서 내가 섬김 노트에 키워드로 삼고 싶은 단어는 '진실성'이었다. 진실성이란 만방의 교훈인 '정직'과도 같은 말인데, 나는 이제껏 정직에 대해 알고만 있었지 엄격하게 실천하지는 못했었다. '이렇게까지 정직할 필요가 있나' 하는 생각에 사소한 일에서는 정직하지 못했다. 그러나 이 책을 읽고 나서 3주 동안 '정직하기'를 목표로 삼고 실천해 보았다. '정직'의 눈으로 바라보니, 나의 생활 속에서 정직해야 하는 상황들이 정말 많다는 것을 알게 되었다. '그동안 내가 정말 정직하지 못했구나' 하고 반성할 정도였다.

매순간 정직한 삶을 사는 것은 쉽지 않다. 의식하지 못하고 그냥 넘어갈 수 있는 사소하고 작은 일에서 어떤 선택을 해야 할지 고민하고 또 그대로 행동으로 옮겨야 하는 것은 어려운 일이기 때문이다. 그래서 정직하기 위해서는 용기가 필요하며, 작은 일에도 '정직'에 대해 의식하는 것이 필요하다. 왜냐하면 나는 그리스도인이자 만방인으로서, 이곳에서 성장하기 위해 공부하고 나의 인격을 갈고닦아 미래에는 '타인을 섬기며 잠재력을 발휘하게 만드는 사람'으로 성장하고 싶기 때문이다. 물론 이 같은 사람은 극히 드물며 그렇게 되기까지의 과정은 결코 쉽지 않을 것이다. 하지만 나는 하나님께 그 무엇으로도 갚을 수 없는 큰 빚을 졌기에, 이 '극히 드문 사람'이 반드시 되어야 한다는 생각이 들었다.

이 책의 많은 주제들 중, 가장 중심이 되는 내용은 바로 '인격'에 관한 것이다. 높은 지위나 어떤 자격이 주어져야 자신이 남들보다 뛰어나다는 잘못된 생각을 하는 사람들이 종종 있다. 하지만 이 책에서는 지위는 사진이고 인격은 얼굴이라고 비유한다. 즉, 자격이나 지위가 아닌 나의 인격이 '진짜'

라는 것이다. 인격은 평생 가는 것이기 때문에 나의 인격을 가꿔나가는 것이 가장 중요한 일이다. 이 책을 통해 진정한 리더는 지위에 초점을 두는 것이 아니라 자신의 인격과 타인에 초점을 두어야 한다는 것을 알게 되어 감사하다.

마지막으로 책에서 말하는 성공에 대한 이 구절을 꼭 기억하고 싶다.

"많은 사람들은 지식을 가지고 잠시 성공한다.

몇몇은 행동을 가지고 조금 더 오래 성공한다.

그리고 소수의 사람들은 인격을 가지고 영원히 성공한다."

중국을 만든 사람들

유럽 나무 · 독일 가지 | **박하권** (9학년)

이 책은 '역사광'인 나를 매혹시킨 책으로, 우리가 지금 거주하고 있는 땅, 중국에 대해서 과연 우리는 얼마나 알고 있을까 하는 마음에 고른 책이다. 이 책은 중국을 변화시키고 만들어가는 사람들을 좀 더 자세히 소개해 주는데, 나는 그 인물들의 인생 스토리와 그 시대의 시대적 배경을 배우면서 조금 더 자세하게 그들의 사상과 정신을 알 수 있었다. 이 책에 나오는 12명의 주인공 중 내게 깊은 인상을 남긴 3명의 인물을 소개하고자 한다.

첫 번째는 세계 4대 성인이라 불리는 '공자'이다. 공자는 『논어』와 『춘추』를 집필한 학자이자 선생님으로, 그의 '인(仁)'과 '예(禮)' 사상은 중국 한족들의 정신사상이라 할 만큼 잘 알려져 있다. 나는 그의 스토리를 보면서 공자는 참 대단한 사람이라고 느꼈다. 사실 그의 일생은 우리가 생각하는 위대하고 찬란한 인생이 아니었다. 그는 왕에게 등용되지 못하고 13년 동안 이곳저곳을 방랑만 하다가 그렇게 정치를 마친 것처럼 보인다. 하지만 공자는 포기하지 않았다. 직접적으로 봤을 때 정치에 실패했지만, 그는 결국 『논어』라는 책을 편찬해 후대에 자신의 사상을 전파함으로써 중국이라는 거대한 땅을 교육했다.

나는 그 집념에 감동을 받았다. 자신의 환경에 굴복하지 않는 그 정신을 배우고 싶었다. 공교롭게도 내가 하고 싶은 일 역시 공자의 것과도 같다. 나는 교육을 통해서 세상의 부도덕한 것들을 바꿔나가고, 주변과 타협하지 않는 크리스천의 삶으로 세상의 빛이 되고 싶다.

『논어』에서는 "기소불욕 물시어인"(己所不欲 勿施於人)이라고 이야기하고 있는데, 이는 자기가 하기 싫은 일을 남에게 강요하지 말라는 뜻이다. 교육을 하다 보면 여러 가지 어려움을 만나게 되겠지만, 이 성어를 기억하면서 말만 앞서지 않는 좋은 교육자가 되어 어떤 어려움이 있다 해도 포기하지 않고 자기의 길을 걸어가는 사람이 되고 싶다.

두 번째는 한족의 나라, 한나라를 세운 '한고조 유방'이다. 진나라 말기에 여러 곳에서 반란이 터지는데 그 후 천하를 통일한 사람이 바로 유방이다. 그에게는 '항우'라는 적수이자 라이벌이 있었는데 이 두 사람은 장기의 모티

브이자 『초한지』의 주인공들이다. 사실 유방과 항우를 능력치로 비교했더라면 유방은 항우를 당해낼 수 없었을 것이다. 그렇다면 어떻게 유방은 항우를 무찌르고 천하를 평정할 수 있었을까? 이는 유방이 수많은 인재들과 동역했기 때문이다. 그가 소하, 장량, 한신 같은 인재들을 품고 등용했기에 지금의 중국이라는 땅이 있을 수 있었다.

나에게도 사람을 품는 능력이 있지만 아직 개발이 안 되었다고 생각한다. 반에서나 방에서나 친구들과 동생들을 이해해주지 못하고 챙겨주지 못해서 미안할 때가 많기 때문이다. 한 사람을 받아들이고 동역하는 것, 이 작은 행동이 세상을 바꾸는 첫걸음임을 기억하며 살아야겠다. 삶 속에서부터 동생을 사랑하고 존중하며, 존중받는 친구가 되기로 결심해본다.

마지막은 청나라의 '강희제'이다. 그를 간략하게 소개하자면 천년에 한 번 나올 법한 위대한 군주라고 중국사는 말하고 있다. 세 번째 인물로 강희제를 선택한 이유는 그가 섬김의 리더십의 표본이라고 생각하기 때문이다. 그는 단점을 찾기 어려운 현명한 군주로서 좋은 본보기가 되었다.

그의 일화 중에는 자신부터 본이 되기 위해 옷이 낡으면 다시 기워 입고, 명나라 때 10만 명 정도의 환관과 궁녀를 400명으로 대폭 줄임으로써 검소한 생활을 실천했다는 이야기가 있다. 이처럼 그는 자기가 먼저 행함으로써 백성들을 다스렸다.

언젠가는 나도 내 자리에서 공동체를 이끌어가야 할 때가 올 것이다. 그땐 내가 먼저 섬기는 자세로 그들에게 좋은 환경과 좋은 생각을 심어주고 싶다. 그러기 위해 만방에 있는 동안 '섬김'을 제대로 배워서 먼저 내 주위 사람들에게 실천해야겠다는 생각이 든다. 나도 강희제처럼 겸손한 마음을 갖고 공동체를 사랑하며 모범이 되길 소망한다.

　이렇게 각 시대의 현명한 지도자로 인해 중국이란 나라는 5천 년이라는 긴 역사를 유지할 수 있었다. 우리가 이들에게 배워야 할 점은 이들 모두 고난이 있었지만 타협하지 않았다는 것과 일을 처리할 때 남의 눈을 의식하지 않으면서 자신의 길을 걸어가 뜻을 이루었다는 점이다. 그들도 시작은 미약하였다. 우리 역시 삶에서 최선을 다해 포기하지 않고 이들을 본보기로 삼는다면 세상을 바꾸는 리더가 될 거라 믿어 의심치 않는다.

꿈꾸는 건축가
안토니 가우디

유럽 나무·독일 가지 | **김민준** (9학년)

얼마 전 미술팀 모임에서 가우디를 알게 되었다. 선생님께서 가우디에 대한 영상을 보여주셨는데, 그 영상을 보면서 나는 가우디의 건축물에 완전히 매료되었다. 그것은 마치 인간이 설계하고 지었다기보다는 영화에 나오는 CG 같았다. 그리고 얼마 후에 이 책을 읽게 되었는데, 구체적인 사진이나 자료가 없어 조금 아쉬웠지만 가우디의 일생과 가치관, 사상 등을 엿볼 수 있는 좋은 책이었던 것 같다.

가우디는 위대한 건축가였지만 그렇다고 그의 일생이 화려했던 것은 아니었다. 노동자 마을에서 태어나 가난과 질병에 찌들어 살았고 주변은 범죄나 힘든 노동 등으로 인해 항상 암울하기만 했다. 건축가로서의 명성이 높아져 갈 때도 반대 세력들로부터 괴짜, 고집불통 노인, 보수 가톨릭 세력의 우두머리라고 욕도 많이 먹었고, 언론으로부터 수차례 공격을 받기도 했다. 말년에는 가족들과 후원자 구엘까지 모두 죽고, 결국 가우디도 자신이 설계한 성가족 대성당의 완공을 보지 못한 채 전차에 치여 죽고 만다.

위대한 건축가라고 불리는 가우디의 일생이라고 보기엔 너무 초라하다고 느껴졌다. 하지만 다른 한편으로는 이런 인생이 그를 진짜 가우디로 만들었다고 생각한다. 매정하고 각박한 세상은 가우디를 고집쟁이로 만들었고, 고집쟁이 가우디는 타협하지 않는 추진력으로 일을 진행하여 수많은 유명 건축물을 만들어냈기 때문이다.

이러한 점은 우리 삶과 신앙에도 반영해야 될 부분이 아닌가 싶다. 살면서 타협하고 싶은 순간이나 나의 기준으로 합리화시키고 싶은 순간들이 정말 많이 온다. 그리고 실제로 그럴 때마다 그냥 타협하고 넘어갈 때가 많았다. 특히 QT, 청소, 다니엘 체크리스트 등 작은 일들을 할 때, '이 정도면 되겠지', '오늘은 안 해도 괜찮겠지' 하면서 넘어갈 때가 많았다. 하지만 가우디처럼 작은 일을 하더라도 소신을 가지고 추진력 있게 밀고 나간다면 언젠가는 가우디의 건축물과 같이 아름다운 열매가 내 삶에 맺히지 않을까.

가우디의 건축물이 독특한 이유는 자연을 소중하게 여기는 자신의 사상을 건축물에 잘 표현해냈기 때문이다. 그래서 그의 건축물은 당시의 건축물들과는 달리, 자연과 닮은 아름답고도 독창적인 건축물이라고 평가받곤 한다. 어릴 때부터 자연을 가까이해온 가우디는 자연을 사랑하는 사람이었다. 그는 나무 한 그루를 지키려고 설계도를 바꿀 정도로 자연을 소중히 여겼다. 이처럼 자연 안에 있는 생명을 귀하게 여기는 기본적인 마음이 사람을 편안하게 하는 위대한 작품을 만들어 내지 않았을까. 또한 그의 종교심 역시 그가 건축한 성당 곳곳에 잘 표현되어 있다.

책을 읽으면서 가우디는 자신의 소신을 잘 지켰던 사람이란 생각이 들었다. 이러한 사람은 쉽게 흔들리지 않는다. 나는 다른 사람의 영향력에 의해 내 기준조차 흔들릴 때가 많았다. 다른 사람들에 의해 쉽게 휘둘리는 사람이었던 것 같다. 하지만 가우디는 마음속에 믿음과 확신이 있었기 때문에 절대로 흔들리지 않았다. 그런 가우디의 삶을 통해 나는 믿음 있는 삶이 얼마나 멋있는 삶인지 깨닫게 되었다. 나도 앞으로의 삶 속에서 '죄와 세상의 문화에 타협하지 않겠다'는 소신을 가지고 살아가며, 믿음과 확신이 있는 삶을 사는 내가 되도록 노력할 것이다.

가우디의 하나님을 향한 마음과 자연을 향한 사랑은 그의 위대한 건축물에 잘 나타나 있다. 나에게도 디자인이나 건축에 관련된 일을 하고 싶은 꿈이 있는데, 이 책을 읽으면서 훗날 내가 만든 결과물에 전하고자 하는 메시지를 담고 싶다는 마음이 생겼다. 이를 위해 나는 지금부터 '세상의 문화와 타협하지 않겠다'는 소신을 지키며 살려고 노력할 것이다. 그리고 언젠가 나에게 기회가 주어졌을 때 어떠한 메시지를 전할 것인지를 열심히 고민하며 찾아낼 것이다.

선물은
누구의 것이 될까?

아시아 나무 · 중앙아시아 가지 | **이세령** (10학년)

탈무드의 이솝 우화를 생각나게 하는 이 책은 최대 2장을 넘어가지 않는 50여 편의 짧은 단편들로 이루어져 있다. 이 책을 통해 꼭 내용이 길거나 어렵지 않아도 사람들에게 감동을 줄 수 있다는 것을 알게 되었다. 이 책의 짧은 이야기들은 나에게 무한한 가치와 지혜를 선물해 주었고, 어떤 글들은 여운이 남아 오랫동안 기억에 남기도 했다.

책을 읽으면서 정말 여러 이야기들이 마음에 와닿았지만 그중에서 특히

'불가사리 한 마리'라는 이야기는 책을 덮을 때까지 여운이 오래 남았다. 한 남자가 해변으로 밀려온 불가사리들을 집어서 바다로 던지는 사람을 보며 "불가사리들을 왜 바다로 던지는 겁니까?"라고 묻자, 그는 "조금 있으면 해가 뜨기 때문에 불가사리가 말라 죽기 때문이지요"라고 대답했다. 잘 이해가 되지 않았던 이 남자는 "세상에는 수많은 해변이 있고, 해변에 밀려온 불가사리도 수도 없이 많은데 한 사람이 던진다고 달라질 게 뭐가 있나요?"라고 반문하였다. 그러자 그 사람은, "하지만 저 한 마리에게는 달라지는 것이 많은걸요"라고 대답했다.

이 이야기를 처음 읽었을 때 드는 생각은 '만방 선생님들의 마음이 불가사리를 던지던 사람의 마음과 같지 않을까'였다. 불가사리를 살리고자 하는 행동이 자신의 이익을 위해서가 아니라 그 불가사리 한 마리의 변화를 위한 것이란 사실이, 어떻게 보면 '사랑'을 보여주는 것 같았기 때문이다. 다른 사람의 인생을 위해 내 인생을 의미 있게 사용할 수 있는 것, 그래서 사랑은 그만큼 어렵지만 가치 있는 것이다.

그다음으로 드는 생각은 결국 이것이 '하나님의 사랑'과도 같다는 것이었다. 수많은 해변과 불가사리가 있듯이 이 세상에는 수많은 나라와 사람들이 있는데, 하나님의 초점은 그 불가사리를 던지는 사람의 마음처럼 각 사람의 인생이 구원받는 것에 있기 때문이다. 이처럼 하나님의 마음은 한 사람의 인생을 가치 있게 만드는 것에 있는데, 그걸 아는 내가 '아직은 준비 중이에요'라고 말하면서 하나님께 끝없이 기다리시라고 할 수는 없다는 생각이 들었다. 그분의 마음을 이해하면 이해할수록 더 많은 사람을 살리고 그 사랑을 전파하는 일에 동참해야 한다는 생각이 들었다.

이 책을 읽고 난 후, 나에게도 작은 변화들이 생겼다. 우선 '나 한 사람이 전도한다고 뭐가 달라지겠어', '아직은 어려서 안 돼'라고 생각하는 것이 아니라, 하나님의 마음과 그 가치를 더욱 이해해야겠다는 생각의 변화가 일어났다. 또한 중국 친구에게 보여주는 작은 미소 하나가 그 친구의 마음을 녹이고 그 마음 밭에 물을 주는 것일지 모른다는 생각에, 나의 행동 하나하나에 관심을 가지고 작은 섬김의 중요성을 느끼며 실천하기 시작했다. 이렇게 살다보면 하나님의 마음을 본받아 그 마음으로 사람을 살리고 그 사랑을 전파하는 일에 동참할 수 있게 되지 않을까.

'세상 사람들을 위해서 기도하는 것', '합창단에서 노래로 기쁨을 전달하는 것', '반 친구들에게 모범을 보이며 그들을 진심으로 사랑하는 것'과 같이 사소한 일들이 언젠가는 큰 영향력을 미칠 거란 생각을 해본다. '한 사람이 한다고 뭐가 달라지겠어?'가 아니라 '그 한 사람 때문에 다른 한 사람의 많은 것이 달라질 수 있다'는 가치를 기억하고 실천하는 것이 참 중요하다는 것을 알게 되어 감사하다.

The 33

아프리카 나무 · 에티오피아 가지 | **공도훈** (8학년)

세상을 울린 칠레 광부 33인의 위대한 승리 이야기. 이 이야
기는 예전에 뉴스로도 접하고, 많이 들은 이야기여서 잘 알고
있었다. 이 책을 읽으면서 그 속에 갇혀 살았던 33인의 광부들에게서 배운
것을 나누고 싶다.

첫 번째로 33인의 관계에서 배운 것이 있다. 칠레 광부들이 만들어 낸 기
적은 한 사람의 리더십으로 이루어진 업적이 아니었다. 그들은 리더십을 넘

어서 서로 간의 '관계'를 통해 절망을 희망으로 바꾸었다. 매몰 초기에 33인의 리더 우르수아는 30여 명을 이끄는 데 어려움이 많았다. 이때 최고령자, 60세의 마리오 고메스가 광부들에게 날마다 희망 비타민을 공급하여 주고, 세풀베다라는 광부는 유머로 다른 광부들에게 활기를 불어넣어 주었다.

평소 우리 반에서의 생활도 이와 비슷한 것 같다. 리더가 일방적으로 이끌어가기보다는 서로 각자의 개성이 살 수 있도록 도와주는 'relationship'을 가진 리더가 좋은 리더라는 생각이 들었다. 나는 우리 반 반장으로서 어떤 친구의 개성이 너무 강하다고 느끼면 그것이 잘못되었다고만 생각했었지, 소통하면서 친구들이 각자의 빛을 더욱 발하도록 도와야 한다는 것을 몰랐다. 앞으로는 모두가 공동체를 도와주는 각자의 역할이 있다는 것을 알고 자신의 자리에서 진짜 자기만의 색을 찾아갈 수 있도록 도와주는 리더이고 싶다.

두 번째로 위기에는 정직한 절망이 필요하다는 것을 배웠다. 스스로를 계속 비참하게 만드는 절망이 아닌, 위기를 이해하며 냉정하게 받아들이는 솔직한 절망 말이다. 33인의 광부는 고난의 막다른 길목에서 인생 최대의 위기를 느끼고 있었지만 그것은 희망의 씨앗을 틔울 수 있는 텃밭이었다. 그들은 자신들의 상황을 정확히 잘 알고 있었고, 그 안에서 당황하지 않고 냉정함을 유지하며 동시에 구출될 것이라는 확고한 확신을 가지고 있었다. 그것은 그들이 그 안에서 버틸 수 있는 힘이 되어 주었고, 결국은 구출되는 기적을 경험할 수 있었다.

살다 보면 고난을 만날 때가 많다. 나 역시 시험을 못봤을 때나, 섬김이 역할을 하는 것이 힘들 때가 있다. 물론 이 일들이 33인의 광부들이 겪은 일보다 크지는 않겠지만, 절망을 만날 때마다 '감사'를 배우게 된다.

한번은 섬김이를 하다 너무 힘든 적이 있었는데, 그때 예전부터 지겹도록 들었던 '복의 포장지는 고난'이라는 말이 떠올랐다. 이런 고민이 나를 더욱 성장하도록 만들어 준다는 것을 알게 되었고, 고민이 있기 때문에 복을 누릴 수 있다는 생각이 들었다. 그 후로 고난과 감사에 대한 찬양이 추상적으로 들리지 않고, 가사 한 구절 한 구절이 가슴 속에 스며들며 하나님을 더욱 가까이 느낄 수 있게 되었다. 이게 바로 축복이 아닐까.

고난을 이기고 소중한 삶이란 복을 다시 얻은 광부들의 이야기를 담은 이 책은 '가족에게 사랑한다는 말을 아끼지 말아야 한다는 것', '삶을 향한 의지만 있다면 불가능은 없다는 것', '결코 희망과 감사를 이기는 고난은 없다는 것'을 말하고 있다. 이 책을 통해 중요한 가치들을 배울 수 있어 감사하다.

플루타르코스 영웅전

유럽 나무 · 독일 가지 | **김용준** (9학년)

'영웅이 되는 조건은 무엇일까?' 이 책을 읽으면서 계속 스스로에게 물어보며 답을 찾으려 했던 질문이다. 많은 사람들은 보통 영웅이라 하면 슈퍼맨처럼 초인적인 힘이 있다든지 타인을 위해 살며 희생해야 한다고 생각한다. 그런데 내가 이 책에서 읽은 그리스, 로마 등 여러 나라의 영웅들은 조금 달랐다. 그들은 초능력이 있는 것도 아니고 특별히 누군가를 위해 살아가지도 않는 그저 평범한 농민, 왕, 군대의 독재관 등이었다. 모두 다른 나라, 다른 시대의 사람들이지만 몇 가지 공통점이 있었기에 나라를 구하고 영웅으로 칭송받을 수 있었다.

먼저 그들은 모두 자기가 생각한 일을 해낼 수 있다고 확신했고, 목적의식이 분명했다. 아테네의 건설자인 테세우스와 로마의 건설자인 로물루스는 이 일을 꼭 해내겠다는 사명감이 있었기에 눈앞에 있는 어려움들을 잘 헤쳐 나갈 수 있었다.

나는 어떤 일을 시작할 때, 보통 '내가 잘할 수 있을까' 하고 걱정부터 한다. 계속해서 이런 일이 반복되다 보니 내가 하는 일마다 흐지부지 끝날 때가 많았다. 나에게는 이 일을 꼭 끝내겠다는 목적의식과 열정이 없었기 때문이다. 자신감이 부족했기에 확신도 없었다. 이제는 나에 대한 믿음이 필요하다. 그래서 내가 할 일을 분명히 알고 그 일에 사명 의식을 갖고, 흔들리지 않고 달려가야 한다.

두 번째로, 이 책에 나오는 영웅들은 모두 한 집단의 리더였는데 대부분의 영웅들은 자신을 따르는 자들에게 잘 대해주고 그들을 위한 정책을 펼쳤다. 누마 폼필리우스는 농사를 짓는 평범하고 선량한 시민이었는데 원로원 의원들과 시민들의 간곡한 부탁으로 로마의 왕이 되었다. 한때 시민이었던 사람으로서 누구보다 시민들의 사정을 잘 알고 있었던 그는 시민들을 위해 법을 개정하고 전쟁도 최소화했다. 누마 폼필리우스가 지금까지도 역대 가장 훌륭했던 로마의 왕으로 인정받는 이유는 자신을 따르는 자들을 이처럼 사랑하고 아꼈기 때문이다.

영웅이라고 해서 싸움만 잘해서는 안 된다. 지금도 신적인 존재로 추앙받고 있는 테세우스와 로물루스도 전쟁 영웅이었지만, 자신을 따르는 자들과의 불화로 인해 자신들이 건설한 나라에서 쫓겨나고 말았다.

만방에는 현재 리더인 사람들도 있고 앞으로 될 사람들도 있다. 하지만 따르는 자들이 없다면 리더는 절대 있을 수 없다. 무슨 일을 하던 자기를 위해서가 아니라 따르는 자들, 즉 타인을 위해 일하고 섬기는 것이 진짜 리더의 덕목일 것이다.

마지막으로 가장 중요한 것은 마음가짐, 바로 '용기'이다. 이 책에는 총 50명의 영웅들이 나오는데 단 한 명도 용감하지 않은 사람들이 없었다. 전쟁에 나가 싸우든, 정치계에서 반대파와 싸우든, 가능성이 전혀 없어 보이는 일에도 용감하게 도전해 승리를 얻어내곤 했다.

스파르타의 뛰어난 정치가인 리쿠르고스와 로마의 집정관을 지냈던 파비우스 막시무스가 그 대표적인 예다. 리쿠르고스는 전쟁이 삶인 스파르타에서 태어났지만 평화를 위해 많은 법들을 제정하고 원로원을 처음으로 만들었다. 그래서 그를 반대하고 시기하는 사람들이 많았다. 특히 재물을 멸시했던 그는 귀족들에게 개인의 재산을 모두 나라에 바치라고 명령해 귀족들의 반발을 사기도 했다. 하지만 용기 있게 계속 밀어붙인 끝에 계획했던 모든 것을 이루고 스파르타의 기초를 세운 뒤, 평화롭게 죽음을 맞이할 수 있었다.

반면, 파비우스 막시무스는 한니발과 여러 차례 대항하여 로마를 지켜내는 등 업적은 매우 크지만 그의 인생은 그다지 순탄치 못했다. 전쟁을 할 때에는 집정관의 자리도 많이 내려놓았다. 그의 적은 한니발뿐만 아니라 내부에 있는 수많은 반대파들이었다. 그래서 그는 항상 힘들게 전쟁을 해야 했지만 후에는 로마 시민뿐만 아니라 반대파들과 한니발까지도 그의 용기와 지혜를 인정하게 된다.

용기, 이번 학기에 나와 관련이 참 많은 말이다. 학기를 시작할 때 목표로 정한 단어도 '용기'였고, 이번 학기 합창단의 주제 단어도 '용기'이기 때문이다. 용기를 목표로 정한 이유는 항상 자신감 없이 남의 눈치만 보며 살아오던 내가, '소신 있게 길을 가는 나'로 바뀌었으면 하는 소망 때문이다. 지금까지는 언제나 용기 있게 말하고 행동하는 사람들을 우러러보기만 했다. 그들은 내가 주저하거나 못하는 일들을 해내기 때문이다. 그러나 이 책을 읽고 많은 도전을 받으면서 이제는 나도 영웅이 되어야 할 때라는 생각이 들었다.

리더는 사자와 같은 심장을 가져야 한다고 했다. 불가능할 것 같은 일들을 우리 같은 평범한 사람들이 사자와 같은 심장을 가지고 용기 있게 해냈기에 영웅이라고 불릴 수 있는 것은 아닐까. 이런 의미에서 누구나 영웅이 될 수 있다. 나 또한 항상 꿈꾸고 소망해왔던, 용기 있고 자신감 넘치는 삶을 살아갈 것이다.

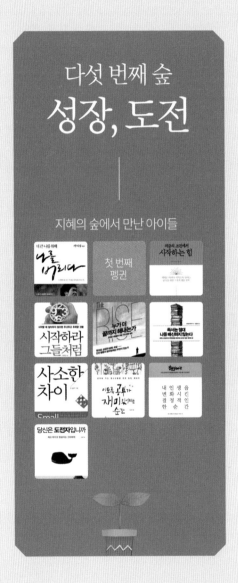

다섯 번째 숲
성장, 도전

지혜의 숲에서 만난 아이들

첫 번째
펭귄

더 큰 나를 위해
나를 버리다

아프리카 나무 · 르완다 가지 | **이상준** (8학년)

이 책의 저자는 대한민국 사람이라면 누구나 아는 축구 선수 박지성이다. 이 책을 한 장 한 장 넘기면서 난 지금까지의 내 삶이 최선을 다하는 삶이 아니었음을 깨닫고, 스스로를 반성하게 되었다. 책을 통해 박지성의 노력과 도전정신 그리고 그가 지금까지 겪었던 고통까지 느낄 수 있었다. 단지 TV를 통해 그의 활약을 보는 것이 아니라, 그 경기에 나가기까지 그가 겪은 고난을 고스란히 느낄 수 있었다.

축구 선수가 갖춰야 할 신체조건 중 가장 중요한 것은 발이다. 90분 동안 뛰면서 경기를 해야 하기 때문에 더욱 중요하다. 그러나 박지성은 축구를 하기에는 너무나도 불리한 평발이었다. 그렇지만 그는 포기하지 않고 축구 선수가 되기 위해서 남들보다 더한 노력을 했다. 다른 사람들이 땀이 나기 시작할 때 그는 이미 땀에 젖어 있었고, 다른 사람들이 열 걸음 뛰고 있을 때 그는 열다섯 걸음을 뛰고 있던 것이다. 이렇게 남들보다 3배가 넘는 노력을 한 결과, 그는 최고의 자리에 오르는 축구 선수가 되었다. 한국인 최초로 프리미어리그에 진출하였고, 유럽 명문 구단 중 하나인 맨체스터 유나이티드에 이름을 남기게 된 것이다.

박지성은 독자들에게 "행운은 노력하는 자들을 위한 빈자리일 뿐 정당한 대가 없이 찾아오는 우연과는 다릅니다"라고 말한다. 이 구절을 읽는 순간, 그동안 나는 우연만을 바라며 살고 있었단 생각이 들었다. 박지성이 프리미어리그에 진출하기까지 험난한 여정을 겪었던 것처럼, 나 역시 꿈을 이루기까지의 시간 동안 고통스러워서 포기하고 싶다는 생각들이 수많은 물소 떼처럼 몰려올 것이다.

지금 내가 만난 물소 떼는 사람들의 시선이다. 나는 사람들 앞에 나서기가 두렵다. 사람들의 시선 하나하나가 나의 행동들의 기준이 되었고, 실제로 내 모습 중에는 사람들의 시선을 의식하며 만들어진 것도 있을 것이다. 지금까지 나는 이런 내 모습을 회피하면서도 더 나은 나로 성장하기만을 바랐다. 그 시선들에 대한 두려움은 어차피 극복하지 못할 것이라고 생각하면서 말이다. 하지만 이 책을 읽으면서 박지성이 자신의 약점을 극복하고 정상에 올라갔던 것처럼, 나 또한 사람들의 시선에 대한 두려움을 극복할 수 있을 거란 생각이 들었다. 두려움을 극복하기 위해서 발표도 많이 해보고, 사람들 앞에서 자신 있게 행동할 수 있는 내가 되었으면 좋겠다. 지금 나의 이 두려움을 극복하고 이겨낸다면 앞으로 만나게 될 여러 힘든 일들도 참아 낼 수 있는 튼튼한 근육이 생기지 않을까. 이제부터는 어떤 두려움이 찾아 와도 회피하지 않고 최선을 다해 노력하면서, 더 큰 나를 만들어갈 수 있다 는 사실을 마음속에 품고 극복해나갈 것이다.

첫 번째 펭귄

중국 나무·상하이 가지 | **한영주** (7학년)

첫 번째
펭귄

사실 이 책의 제목과 표지를 처음 보았을 땐 재미도 없고 나와
는 상관없는 책이라고 생각했다. 그래서 한참 동안을 표지만을
살펴보았는데, 책의 앞표지에는 이 책의 제목인 '첫 번째 펭귄'에 대한 설명
이 적혀 있었다. '펭귄들은 먹이를 구하러 바다에 뛰어들 때 모두 머뭇거린
다. 그때 용감한 펭귄 한 마리가 먼저 뛰어들어야 다른 펭귄들이 뛰어든다.
용기 있는 도전자가 없으면 아무것도 해낼 수 없다. 어떤 단체에 큰 영향력을 미치는 용기 있는 도전자를 첫 번째 펭귄이라고 한다.' 이 설명을 읽고 나서야 비로소 나는 어쩌면 이 책이 꽤 괜찮을 수도 있을 거란 생각이 들었다.

이 책은 주로 리더와 도전에 관한 내용을 다루고 있는데, 이 책을 읽고 도전에 대한 나의 잘못된 생각을 바로잡을 수 있었다. 나는 꼭 도전이 필요하지 않다고 생각한 사람이다. 실패할 확률도 있고, 실패하면 더 큰 손해를 입게 될 수도 있기 때문에 그냥 현재를 유지하는 게 더 좋다고 생각했다. 그러나 이 책에서 '도전은 그 자체로 가치가 있다'는 구절을 읽고, 도전에 대해서 다시 생각해보게 되었다. 도전하기 무섭고, 실패할까 두렵고, 위험하고 불안정해 보인다는 이유로 도전하지 않고 있다면, 과연 변화를 거부한 채 살아온 이때까지의 삶은 안정되고 위험하지 않았을까?

실패가 두렵다면 우리는 변화할 수도, 도전할 수도 없다. 도전의 결과보다는 도전 그 자체에 의미를 두면 가치 없는 도전은 없을 것이다. 앞으로는 미리부터 실패를 생각하지 않고 먼저 도전해보는 내가 되었으면 좋겠다. 우리가 도전하고 시도하려는 것은 변화를 원하기 때문일 것이다. 변화에는 반드시 고통이 따른다. 그러나 명확한 목적이 있다면 그 고통쯤은 이겨낼 수 있을 것이다.

내가 만방에 온지 얼마 되지 않았을 때 선생님과 상담을 하면서 내가 잘못된 길을 가고 있었다는 것을 깨닫고, 명확한 목적과 길을 보여 달라고 기도했던 적이 있다. 변화의 긴 터널을 지나가는 데에는 명확한 목적만큼 중요한 것이 없다는 생각을 하게 되었다. 명확한 목적은 우리에게 용기를 주고 변화할 수 있게 해 주는 요소이기 때문에 옳은 목적과 목표 설정이 매우 중요하다.

그런데 나 혼자 변화하는 것보다 더 중요한 것이 있다. 바로 우리 모두가 함께 변화하는 것이다. 그러기 위해서는 각자의 자리에서 서로를 존중하며 이끌어 주어야 한다. 이 책에서는 공동체를 변화시킬 수 있는 리더십에 대해 '리더와 보스는 다르다'라고 설명하고 있다. 다시 말해, 보스는 통치의 역할이지만 리더는 '마음을 움직이는 역할'이라는 것이다. 나는 사람의 마음을 움직이는 데에 가장 중요한 것이 '소통'이라고 생각한다. 우리 모두가 함께 가기 위해서는 소통과 경청의 자세가 필요하다. 앞으로는 나도 친구들의 말을 경청하기 위해 더욱 노력할 것이다.

　이 책을 읽으면서 끊임없이 도전하고 변화하며 우리 모두 함께 가야 한다는 것을 다시 한 번 깨닫게 되었다. '긍정적인 생각'이 모든 것의 기본이 된다고 한 저자의 말을 가슴에 새기며, 앞으로 감사일기를 더욱 열심히 쓰면서 긍정적인 생각을 키울 것이다. 또한 끊임없이 목표를 세우고 도전하며 실패해도 감사하고 성공해도 감사하는 내가 되고 싶다.

지혜의 숲에서 만난 아이들

지금의 조건에서
시작하는 힘

아프리카 나무 · 부르키나파소 가지 | **조유림** (8학년)

이 책을 처음 봤을 땐 용기에 관한 책인 줄 알고 용기가 부족한 내게 딱 맞는 책이라고 생각했는데, '완벽주의'에 관한 내용이라 더욱 흥미로웠다. 나도 평소에 완벽주의자라는 말을 많이 들었는데, 이 책을 보면서 완벽주의의 나쁜 점은 무엇이고 어떻게 고칠 수 있는지를 알게 되었다. TV에 나오는 많은 유명인들은 자신의 단점에 대해 대부분 '완벽주의자'라고 소개하는데, 그들은 그것이 실제로는 장점이라고 생각하고 있을

지도 모른다. 그러나 사실 '완벽주의'는 매우 위험하다. 완벽주의자는 타인에게 높은 기준을 적용하고, 실수할지도 모른다는 염려와 인정받고 싶은 욕구와 부모의 압박에 대한 인식 등을 갖고 있으며, 과거를 곱씹는 사람이기 때문이다. 물론 완벽주의도 정도를 지킨다면 좋은 장점이 될 것이다. 그렇다면 어떻게 완벽주의를 고치고 장점으로 활용할 수 있을까?

첫 번째는 자신의 나약함을 인정해야 한다. 즉, 자신이 부족하다는 것을 인정하고 받아들여야 하는 것이다. 그러면 스트레스는 덜 받으면서도 훨씬 훌륭한 결과를 얻을 수 있다. 비완벽주의자는 자신 있게 행동하고 자신의 잘못을 인정하기 때문에 온 힘을 다해 넘치도록 삶을 누린다. 나도 완벽주의자처럼 타인을 판단하는 기준을 높이고 인정받고 싶어 하는 욕구가 많은 사람이다. 고치고 싶지만 방법을 몰라 어려워했는데, 이 책을 읽고 나서 사람은 누구나 부족하며 나 또한 부족하다는 것을 먼저 받아들여야 한다는 것을 알게 되었다.

두 번째로 현재에 만족해야 한다. 물론 성장을 위해선 지금보다 더 나은 나를 추구해야 하겠지만, 지금의 내 모습에 지나치게 만족하지 못하면 삶에서 기쁨이 사라지게 된다. 현재에 만족할 수 있어야 한 걸음 더 앞으로 나아갈 수 있으며 삶이 풍성해지는 것이다. 나 또한 완벽주의자들처럼 늘 현재에 만족하지 못했다. 즐거운 일이 생겨도 그보다 더 즐겁기를 바라고, 괜찮은 성과가 나와도 더 완벽하길 바랐다. 친구에게도 거는 기대가 크다 보니 내가 원하는 만큼 친구가 따라와 주지 못할 때 화가 나고 답답했다. 그러나 이 책을 통해 현재에 만족하는 것이 정말로 중요하다는 것을 깨달았다. 지금 이 상황에 대해 만족해야 다음번에 더 좋은 상황을 만들 수 있다. 그러기에 지금 이 순간에 감사하고 만족할 줄 알아야 한다.

세 번째로, 자신의 일을 결정할 땐 타인의 허락을 필요로 하지 않아야 한다. 완벽주의자들 중에는 인정받고 싶은 욕구가 큰 사람이 있는데, 이런 사람은 모든 사람들로부터 호의를 얻고 싶어 한다. 그러나 이는 자신감이 부족한 사람이다. 자신감이나 자긍심이 부족한 사람은 다른 사람의 의견을 본인의 의견보다 중시하고, 타인으로부터 자신감을 얻으려고 한다.

이런 행동은 본인에게도, 타인에게도 좋지 않다. 본인은 '내 결정이 아니니까'란 생각에 책임을 회피하게 되고, 타인은 항상 결정을 해 줘야 한다는 부담감을 가지기 때문이다. 물론 사람들의 조언이나 교훈을 들어야 할 때도 있지만, 자신의 결정이 잘못된 선택이나 실수라 하더라도 자신의 의사를 분명하게 하는 것이 중요하다.

세상에 완벽한 상황, 완벽한 조건, 완벽한 계획이란 없다. 그저 시작하는 '우리'가 있을 뿐이다. 도전을 두려워하지 않고 시작하는 우리가 되길 바란다.

시작하라 그들처럼

아시아 나무·중앙아시아 가지 | **오민우** (10학년)

이 책을 고르게 된 이유는 간단하다. 새로운 학년, 새로운 학기라는 달리기를 막 시작했기 때문이다. 그러나 이 책이 주는 메시지는 절대 간단하지가 않았다. 책을 다 읽은 후에도 책 내용과 메시지를 계속 되풀이해서 생각하게 되었다. 이 책은 '지금 당장 시작하라', '한 번만 더 하라' 등 그동안 흔하게 들어왔던 말들을 우리의 생존력과 연관지어 새롭게 전하고 있다.

저자가 우리에게 알려 주는 시작의 방법은 '기다가, 걷다가, 달려라'이다. 즉, 한 번에 무언가를 이루고 싶다거나 무언가가 되고 싶은 마음이 굴뚝같아도 처음부터, 기본부터, 작은 것부터 점진적으로 시작하라는 것이다. 나도 '한 방'을 좋아한다. 하지만 한 방에 되지 않는 것들이 대부분이기에 많은 사람들이 쉽게 포기하고 겁을 먹는다. 하룻밤 만에 중국어가 능통해지고, 어려운 수학 문제를 눈 감고도 풀 수 있게 된다면 얼마나 좋을까. 하지만 그런 결과를 얻기 위해서는 '처음부터, 기본부터, 작은 것부터' 시작해야 한다. 물론 새로운 시작은 쉽지 않다. 기본기를 다지기 위해 노력할 때는 답답하기도 하고 수많은 시행착오와 실패를 경험하면서 상처도 받겠지만 어떻게 그 과정을 만들어 가느냐에 따라 결과는 180도로 바뀌게 될 것이다.

시작에 관한 책을 읽으며 나의 CSL시간들, 처음 중국어를 배우던 시간들을 회상해 볼 수 있었다. 영어는 나도 모르는 새 일상 속에서 많이 접하여 배우는 데 어렵지 않았지만, 의식을 갖고 새로운 언어인 중국어를 배우려니 감조차 잡히질 않았었다. '다른 친구들은 다 잘하는 것 같은데 왜 나만 이러지' 하는 마음이 들자, 스스로를 의심하게 되면서 부끄럽게 여겼다. 그런데 언제부터인가 선생님의 수업과 중국어가 이해되기 시작하더니, 어느새 내가 중국어로 말하고 있는 게 아닌가. 아마 만방에 와서 중국어를 배운 친구들이라면 내 말이 이해가 될 것이다.

중국어로 말하기까지 거창한 결심이나 시작이 있었던 것은 아니다. 날마다 한 걸음씩 걸어가는 것, 미루지 않고 바로 시작하는 것과 같이 사소한 과정들이 지금의 나를 만들어 온 것이다. 이제와 생각해보면 해야 되니까 하고, 안 하면 안 되니까 했던 것들이 작은 시작이 아니었나 싶다. CSL은 중국어를 배우는 첫 시작이다. 나는 이번 CSL 친구들에게 누구보다 열심히 하라고 격려해 주고 싶다. 내가 CSL 때 열심히 안 하고 놀기만 했다면 지금까지, 그리고 앞으로도 맘 편히 놀기만 했을 것이다. 물론 CSL을 하는 과정이 쉽지만은 않았다. 그러나 더욱 나 자신을 믿고 위로하며 함께 나아간 것이 큰 힘이 되었다.

나는 지금, 다시 한 번 새로운 시작점에 있다. SAP라는 과정이 쉽지 않겠지만 계속 힘들기만 한 것도 아닐 것이다. 새롭게 시작하면서, CSL때 했던 좋은 습관들은 계속 이어나가고 좋지 않은 습관들은 버리고 싶다. '이 정도면 되지 않았을까', '오늘은 너무 피곤한데 쉴까'라고 생각하며 자기 합리화를 하고 싶을 땐, 눈을 꼭 감고 다시 결단하며 '한 걸음만, 한 번만 더 하자'라는 생각으로 이겨내고 싶다. 이 책의 저자는 힘들지 않은 삶은 없다고 이야기한다. 다만 힘든 순간을 즐겁게 받아들일 수 있는 사람만이 즐거운 것이라고 말한다. 새로운 시작점에 있는 모두에게 당부하고 싶다. 힘든 순간을 감사하며 즐겁게 받아들이라고 말이다.

누가 더
끝까지 해내는가

아시아 나무 · 중앙아시아 가지 | **정지예** (10학년)

이 책을 읽으면서 러시아의 오뚝이 인형이 생각났다. 이름도 예쁘고 크기도 다양했던 오뚝이 인형. 굳이 러시아 것이 아니라도 쉽게 볼 수 있었던 오뚝이가 어릴 적엔 마냥 신기해서 계속 넘어뜨렸던 기억이 있다. 나도 오뚝이처럼 일어서고 싶어서 한동안 침대에서 누웠다 일어나기를 반복했었다. 그때 나는, 이 세상에는 오뚝이 같은 인간은 없다고 생각했지만 책을 많이 읽었더라면 이 세상에는 '오뚝이형 인간'이 많다는 것을 알게 되지 않았을까.

이 책에는 여러 인물들의 이야기가 나온다. 우리가 너무도 잘 알고 있는 아담, 하나님의 손이 뻗어 있지만 닿지 않은 유명한 그림 '아담의 창조'를 그린 미켈란젤로, 세계 최초로 꿈의 신소재라 불리는 그래핀을 분리해낸 노벨 물리학상 수상자 앙드레 가임, 세계적인 안무가 폴 테일러 등 각 분야에서 최고의 자리에 있는 사람들의 이야기이다. 하지만 그들이 아무런 어려움 없이 최고의 자리에 오를 수 있었던 것은 아니었다. 미켈란젤로는 엎드리거나 구부리며 오랫동안 그림을 그리는 바람에 갑상선종에 걸리고 신장과 골반이 뒤틀리는 등 몸에 심각한 이상이 왔다고 한다. 또한 폴 테일러는 오랫동안 일자리를 잃었으며, 앙드레 가임은 많은 사람들에게 놀림을 받았던 사람이었다. 그러나 이들 모두 실패의 길에 서 봤고 그 누구보다 그 시간이 길었지만 절대 포기하지 않았다. 바로 그들이 '오뚝이형 인간'인 것이다.

중간고사의 쓰디쓴 맛을 본 나에게 이 오뚝이형 인간들의 이야기는 큰 위로가 되었다. 나는 이번 중간고사를 위해 엄청나게 노력했다. 물론 완전히 내 기준이었지만, 처음부터 모든 문제들을 다 풀어본다는 게 정말 쉽지 않은 일이었기에 나는 내가 엄청 노력했다고 생각했다. 하지만 성적은 그 노력에 비례하지 않았다. 겉으로는 아무렇지 않은 척했지만 사실 마음속은 완전 난리가 났었다. '이래서 어떻게 해야 하나', '나는 얼마나 더 노력을 해야 하는 것일까' 하는 내적 분란이 하루 종일 일어났던 것이다. 하지만 이 책을 읽고 내가 얼마나 어리석었는지 알게 되었다.

모든 사람은 다 위기를 맞는다. '여기가 끝이구나' 하고 느끼는 순간은 모두에게 오는 것이다. 오뚝이에게 힘든 시간이 바로 이렇게 밀쳐지는 순간이다. 굳게 서 있던 몸과 마음이 무언가에 의해 쓰러지는 그 순간. 하지만 오뚝이의 진가 역시 이때 발휘되는데, 다시 일어나는 그 순간이다. 아무리 밀쳐도 다시 일어나는 그 모습에 우리는 매료되는 것이다. 알베르트 아인슈타인은 생전 제자들에게 이렇게 말했다. '수학에서 애를 먹는다고 걱정할 필요 없네. 수학을 헤맨 걸로 따지면 내가 자네보다 훨씬 더 했다고 장담하니까.' 승패는 게임이 끝나기 전까지 모른다. 페이스를 끝까지 잃지 않는 것에 달린 것이다.

누가 더 끝까지 해내는가. 우리는 자기 자신을 믿고 하나님을 믿는 힘을 잃어버려서는 안 되며, 끝까지 포기하지 않고 이어가는 힘을 지녀야 한다. 물론 삶 속에서 한계를 느낄 때가 많을 것이다. 나 역시도 중간고사 때 그러했고, 앞으로 얼마나 더 많은 한계를 경험할지 모르겠다. 그러나 그때마다 나는 오뚝이처럼 패배에 굴복하지 않고 오히려 탄력이 붙어 더 높이 튀어오를 것이다. 또한 나의 상황과 위치에서 페이스를 잃지 않도록 나 자신을 더욱더 다듬어나갈 것이다. 나뿐만 아니라 우리 만방 전체가 오뚝이와 같은 삶을 살기를 바라며 응원할 것이다.

독서는 절대
나를 배신하지 않는다

아프리카 나무 · 케냐 가지 | **최지원A** (8학년)

이 책의 저자, 사이토 다카시는 『혼자 있는 시간의 힘』이라는
책의 저자이다. 그 책은 관계로 인해 힘들어져서 혼자 있는 시
간을 견뎌야 했을 때 나에게 큰 도움이 된 책이었다. 사실 아직은 독서의 중
요성을 알지 못하지만, 독후감을 쓰기 위해 책을 읽고 있는 내게 다시 한 번
큰 도움을 줄 거란 믿음으로 『독서는 절대 나를 배신하지 않는다』란 책을 읽
게 되었다. 그리고 역시나 이 책은 생각의 변화를 가져왔다.

나는 책을 즐겨 읽는 사람이 아니다. 하도 주변에서 독서가 중요하다고 이야기하고 학교에서도 최소 한 달에 한 번은 독후감을 쓰라고 하기 때문에 딱 한 달에 한 권의 책만 읽을 뿐 독서의 필요성이나 중요성을 직접 느끼지는 못했었다.

저자도 독서의 필요성을 알기 전까지는 나와 같은 생각을 가지고 있었다. 고등학교 시절, 입시 준비로 바빠서 그저 독서하는 시간이 시간 낭비처럼 느껴졌다고 한다. 이 말에 동의하는 사람들도 많을 것이다. 사실 특별한 계기 없이 책을 찾아 읽는다는 것은 바쁜 현대 사회에서 결코 쉬운 일이 아니다. 하지만 이 책을 읽으면서 독서가 우리에게 얼마나 많은 영향을 끼치는지에 대해서 정확히 알게 되었다.

그중에서 가장 공감이 되었던 것은 우리가 인터넷을 통해 손쉽게 찾은 많은 자료들을 내 지식이라고 착각하는 경우가 많다는 것이다. 인터넷이나 텔레비전에 담긴 정보들은 흘러 다니기 때문에 우리를 스쳐 지나기 쉽다. 문제는 너무 많은 정보가 일방적으로 쏟아져서 이미 내가 가지고 있던 생각들과 상호작용을 할 틈이 없고 기억에도 잘 남지 않는다는 것이다. 또한 너무 쉽게 자료들을 찾을 수 있기 때문에 '필요할 때 다시 찾아보면 되지'라는 생각으로 대충 흘려보내기 쉽다는 것이다.

반면에 독서는 자신의 행동에 온 신경을 집중시킨다. 책을 읽기 위해 의식적으로 몰입해야 하기 때문이다. 또한 책을 읽는 과정을 통해 자연스럽게 지식이 체계화되고 생각하는 힘과 응용력이 함께 길러진다. 결국 책을 통해 우리가 쉽게 하지 못하는 경험을 함으로써 사고가 넓어지고 다양한 분야의 책을 읽는 것만으로도 공부가 되는 것이다. 이 같은 사실을 알게 되면서 독서는 이제 더 이상 '강요'가 아니라 '결심'으로 바뀔 수 있었다.

책을 왜 읽어야 하는가에 대해서는 확실히 깨달았지만 여전히 선뜻 책을 읽는 게 쉽지 않았다. 독서하는 시간을 따로 만든다는 게 마냥 쉽지만은 않았던 것이다. 이런 사람들을 위해 저자는 다음과 같이 말한다. '책을 읽지 못하는 시간을 찾아라.'

예를 들어, 수업시간이나 밥 먹는 시간은 책을 읽지 못하는 시간이지만 그 외에 시간은 책을 읽어도 되는 시간인 셈이다. 그렇게 생각하면 의외로 많은 시간을 독서하는 시간으로 사용할 수 있다. 그렇게 하루 10페이지, 하루 10분이라도 책을 읽으면 날마다 책을 읽는 습관이 점점 나 자신을 변화시킨다는 것을 느낄 수 있을 것이라고 저자는 말한다.

흥미를 느끼지 못하는 책은 과감히 접고 자신이 읽고 싶은 책부터 천천히 조금씩 읽어나가면서 독서하는 습관을 기르면 된다. 그렇게 생각하니 독서가 그렇게 부담되지 않고 편안하게 다가왔다.

마지막으로 이 책을 읽으면서 책에 대한 편견이 사라졌다. 나는 독서 편식이 심한 편이다. 책을 보기도 전에 '이런 종류의 책은 재미없을 거야'라고 판단하곤 거들떠보지도 않던 책들이 많았다. 나와 같은 사람들에게 저자는 다음과 같이 말한다. "책의 가치를 결정하는 것은 바로 나다." 소설이든 고전이든 자기계발서든 간에, 책을 읽고 나에게 어떻게 적용할 것인지는 독자가 풀어야 할 문제라는 것이다.

그렇게 생각하니 그동안 읽어보기도 전에 '이 책은 나에게 별 도움이 되지 않을 거야, 재미없을 거야'라는 이유만으로 멀리했던 책들을 다시 꺼내볼 수 있었다. 그저 자극적인 즐거움뿐 아니라 어떤 점이 인상적인지, 어떤 주제를 다루고 있는지, 어떤 생각거리를 던져주는지 말할 수 있다면 의미 있는 독서가 될 것이다.

이 책은 내가 독서에 대해 다시 한 번 생각해보고, 여러 분야의 책을 더 다양한 생각을 가지고 읽을 수 있도록 도와준 책이다. '책을 왜 읽어야 하는 지'란 생각을 하거나, 책 읽는 시간이 지루하게 느껴져서 흥미를 느끼지 못 한다면 이 책부터 읽어보라고 권하고 싶다. 더욱더 많은 사람들이 넓고 다 양한 시야로 더 많은 책을 볼 수 있게 되기를 바란다.

사소한 차이

아시아 나무 · 중앙아시아 가지 | **김혜린** (10학년)

지금이 쌓여서 하루가 되고, 하루가 쌓여서 1년이 되며, 1년이 쌓여서 내 인생이 된다. 그러므로 지금, 하루하루를 살아가는 것은 어쩌면 내 인생 전체를 결정지을 수 있는 매우 중요한 일인 것이다. 만방에 온 후로 하루하루 그리고 1분 1초가 얼마나 소중한지 깨닫고, 사소해 보이는 그 시간들이 쌓여 나를 어떻게 변화시키는지 직접 경험하며 느끼고 있다.

'설마 지금 이깟 사소한 일 하나 안 한다고 뭐가 크게 달라지겠어?'라고 생각했던 일과 귀찮아서 하지 않은 일들이 모여 결국 내 발목을 잡은 적도 있었다. 반면에 정말 사소한 일이지만 성실하고 열심히 해내서 얻었던 것들이 모여 내 성장의 발판이 되기도 했다. 생각해보면 그 사소한 시간들 가운데 실수도 있었지만, 노력하며 얻은 것들도 많고 그 시간들이 모여 지금의 내가 된 것 같다. 하루하루 사소한 차이를 만드는 것은 그래서 더욱 의미가 있는 게 아닐까.

'오늘 이 한 문제를 다 풀던, 내일 아침에 일어나서 풀던 똑같아. 일단 지금은 너무 졸리니까 빨리 들어가서 자'와 같은 달콤한 목소리가 나를 끊임없이 유혹했지만, '일단 이거 한 문제만 더 풀자' 하고 노력한 결과 숙제를 그날 다 끝낸 적도 있었다. 처음엔 절대 다 못할 것 같은 산더미 같은 숙제들이었는데, '한 문제만, 한 문제만 더'라는 생각이 결국 다 끝낼 수 있게 만든 것이다. 이런 하루하루의 노력들이 모여 내 전체 공부 습관에 영향을 주었고, '내가 어제 그렇게 노력했는데 오늘 그걸 망쳐버릴 순 없지' 하는 마음으로 꾸준하게 열심히 할 수 있었던 것 같다.

오늘의 내 동력은 어제의 내 노력이다. 지금 당장 너무 힘들어서 아무것도 하기 싫을 때, 꿈을 떠올려도 열정이 솟구치지 않을 때, '어제', '그저께', 또 '그전날' 꾸준히 만들어 왔던 오기와 성실성이 습관이 되어 나를 붙들어 준 것이다.

사소한 차이는 말 그대로 사소해 보이는 작은 일이지만, 앞으로의 나를 더욱 발전시킨다. 훗날, 지금의 나를 돌아보며 '그때의 내가 있었기에 지금의 내가 있을 수 있구나'를 느낄 수 있었으면 좋겠다. 어제의 나와 오늘의 나는 사소하지만 다르고, 또 내일의 나와 오늘의 나 역시 차이가 있을 것이다. 그 차이를 만들기 위해 '오늘', '지금 당장' 계속 노력해 갈 것이다.

이토록 공부가
재미있어지는 순간

아프리카 나무 · 케냐 가지 | **권나혜** (8학년)

월말고사가 끝난 뒤 공부에 한참 의욕이 생겼을 때 이 책을 보고 '진짜 공부가 재미있을까' 하는 궁금증이 생겨 읽게 되었다. 내가 이때까지 읽은 공부에 관한 책은 대부분 공부를 잘하는 사람의 노하우나 각 과목별의 공부 방법이 담겨 있었는데, 이 책은 달랐다.

이 책의 저자는 15살부터 공부의 중요성을 깨닫고 노력하여 명문대에 동시 합격이라는 결과를 맛보게 된다. 그런데 저자는 이러한 경험을 이야기하며, 공부의 방법보다는 공부의 중요성에 대해 알려 준다. 그래서 지금의 나에게 더욱 공감이 되는 책이었다.

나는 평소 공부하기에 늦었다는 생각을 많이 한다. 이번 학기가 시작된 지 좀 지났을 때, '늦었어, 기회가 없어'라고 생각하곤 했다. 그러나 이렇게 계속 늦었다고 생각만 한다면 아마도 영원히 공부를 할 수 없을 것이다. 정말 공부하기를 원한다면 먼저 '해볼래!'라는 마음과 굳은 각오가 필요하다. 저자도 마음을 잡았을 땐 중학생이었다고 한다. 그러나 열심히 하면 늦은 시간들을 극복할 수 있다는 각오로 초등학교 문제집을 사서 처음부터 풀어 나갔다.

생각해보면 나는 저자만큼 늦은 것 같지는 않다. 그러니 나는 저자보다 더 좋은 조건을 이미 갖고 있는 셈이다. 책에 나온 통계 자료를 보면서 '공부가 인생에서 꼭 필요하구나'를 좀 더 심각하게 느낄 수 있었다. 10-70대 남녀를 대상으로 인생에서 후회하는 일 1-5위를 조사한 결과, 10대부터 50대의 남성들은 '공부 좀 할 걸'이라는 생각을 1위로 꼽았고, 60대는 4위로 70대는 3위로 배우지 못한 것을 후회한다고 꼽았다. 이 통계 자료를 보니 대다수의 사람들이 공부하지 않은 것을 후회하고 있었다. 나도 학생의 때에 해야 하는 공부를 미루어 더 이상 후회할 일을 만들고 싶지 않다는 생각이 들었다.

공부를 하려면 우선 공부가 무엇인지를 알아야 한다. 나는 그동안 공부를 의무적으로만 하고 있었다. 그러나 공부를 다른 말로 하면 '성장'이라고 할 수 있다. 공부를 의미 없이 하는 사람은 의무적으로 느껴지겠지만 진짜 공부를 하는 사람은 성장으로 느낄 수 있을 것이다. 공부를 하다 보면 넘어

171

지고 깨지고 좌절할 때가 많다. 그러나 이러한 것을 넘어서려고 노력할 때 우리는 영혼이 강한 사람이 되고 성장하게 된다. 정말로 성장하는 공부를 하기 위해서는 고생이 뒤따른다. 저자가 초등학교 모든 과목의 문제집을 풀겠다고 다짐하며 고생한 것처럼 말이다.

공부를 하기 위해서는 내 몫의 고통을 겪어야 한다. 그 예로 번데기에서 나비로 변하는 과정에서 나비는 정말 힘든 고통을 겪는다. 그러나 그러한 고통을 겪지 않으면 나비는 평생 날 수 없다. 이처럼 어떤 것을 다짐했을 땐 그것에 맞는 고생이나 고통도 겪을 줄 알아야 하는 것이다.

공부를 열심히 하다 보면 우리는 결과, 즉 점수에 더 신경을 쓰게 되고 경쟁 심리도 생기게 된다. 그러나 여기에서 주의해야 할 점은, 다른 사람과 점수를 비교하는 것에 목표를 두면 오히려 공부에 집중할 수 없다는 것이다. 나도 항상 월말고사 때 나의 등수와 점수를 보며 좌절하고, 늘 전교 1등을 하는 친구를 부러워했다. 나보다 더 열심히 하는 친구는 나에게 도전을 주지만 점수만을 비교하며 목표로 둔다면 좋은 점수를 받지 못할 경우 쉽게 포기하게 된다. 그렇게 되면 공부에 대한 열정도 자연스레 식게 된다. 따라서 진짜 공부를 하려면 어제의 나를 경쟁 상대로 두는 것이 맞는 것 같다.

이 책을 읽으면서 공부에 대한 의욕이 생겼다. '인생 중 가장 공부하기 좋은 날은 오늘이다.' 이 구절을 생각하며 나에게 공부할 기회가 주어진 것에 감사하고 즐거운 마음으로 공부하고 싶다.

이토록 공부가
재미있어지는 순간

아프리카 나무 · 에티오피아 가지 | **박하권** (8학년)

이 책은 내가 오래 전부터 보려고 가져와서 서랍에 넣어두었는데, 우연히 서랍을 정리하다가 발견해서 읽게 되었다. 이 책은 저자의 이야기를 바탕으로 쓰였는데, 그가 학창 시절에 느낀 감정들은 내게 정말 많은 공감과 위로가 되었다.

사실 그동안 나는 '공부'가 하나의 벽처럼 느껴졌었다. 어렸을 때부터 공부보다는 노는 것을 좋아했고 중학생이 되어서도 시험 때만 벼락치기를 하던 아이였기에, 만방에 와서도 습관을 바꾸는 것이 쉽지 않았다. 그렇게 공부하는 습관이 잘 들지 않아 점점 지쳐가던 내게 작은 위로의 말을 해 주며 나의 생각을 바꾸도록 해 준 것이 바로 이 책이었다.

이 책의 주된 내용은 주도면밀한 학습법, 공부 방법, 좋은 공부 환경들이 아닌, '마음'에 관한 것이다. 즉, 내가 공부할 마음이 있는지, 바른 자세로 공부하고 있는지 등 나의 마음가짐을 돌아보게 해 주는 책이다.

이 책을 읽으면서 가장 중요하다고 생각한 것은 바로 '마음 관리'였다. 나는 공부하기 전 많은 목표와 계획들을 세운다. 그리고 이 결심과 목표들을 이루기 위해 여러 가지 방법으로 야심차게 도전해보지만 번번이 작심삼일도 아닌 작심하루로 끝날 때가 많다.

그런데 저자는 이러할 때 무턱대고 해보라고 말한다. 저자는 못 푸는 수학 문제들을 풀기 위해 스스로 초등학교 문제집을 사서 풀었고, 단어 3개를 외우려고 100번 정도를 종이에 써 가면서 외웠다고 한다. 그는 독자들에게 무모해 보이지만 오직 '해볼래!'라는 마음으로 시작하라고 권면한다.

더 쉽고 더 편한 길만을 가려고 했던 내가 과연 저자의 말처럼 할 수 있을까 하는 의문이 들었지만 '해보자!'라는 마음을 가지고 행동하기로 다짐했다. 안 된다고 포기하는 것이 아니라 끝없이 노력하는 것이 중요하다는 것을 알았기 때문이다.

또한 이 책을 통해 '나 자신과의 경쟁'에 대해 다시 한 번 배우게 되었다. 우리는 공부를 하면서 불가피하게 경쟁을 하게 되는데, 저자는 3가지의 방식으로 경쟁하라고 말한다.

첫째는, '과거의 나'와 경쟁하는 것이다. 과거와 경쟁하는 것이 조금 추상적으로 보일 수도 있지만 이것은 매우 중요하다. 다시 말해, 과거의 내가 했던 행동을 자세히 보며 현재의 목표를 세우는 것이다. 예를 들어, 어제 내가 수학 문제 10개를 풀었다면 오늘은 12문제, 어제는 15개의 영어 단어를 외웠다면 오늘은 16개, 이런 식으로 하루하루 공부의 양을 조금씩 늘려나가다 보면 과거보다 더 나은 실력을 쌓는 내가 되는 것이다.

두 번째는 '나의 최대치'와 경쟁하는 것인데, 여기서 최대치는 내가 정말 최선을 다해 노력해서 받은 점수를 의미한다. 이제 그 최대치를 목표로 두고 '나는 최선을 다하고 있는가'를 매사에 점검하며 나와의 싸움을 시작해야 한다. 이 과정을 거치면서 나의 최대치가 점점 높아질 뿐만 아니라 최선을 다하는 마음 또한 배우게 될 것이다.

마지막으로, 내가 경쟁해야 할 것은 '나의 한계'이다. "여기까지가 내 한계야" 하는 것은 바로 스스로 그어놓은 선이자 한계이다. 하지만 거기에서 주저앉지 말고 일어서서 다시 시도해봐야 한다. 이럴 때일수록 더욱더 내 한계와 계속 경쟁해야 하는 것이다. 한계에 도달했다는 것은 누구에게나 힘든 일이지만 그 순간이 바로 나를 이기는 순간이 될 수 있기 때문이다.

책을 통해 배운 또 다른 중요한 점은 우리가 공부할 수 있는 것이 축복이라는 사실이다. 우리는 축복과 사명을 받은 사람들이다. 좋은 옷, 좋은 집, 좋은 환경을 누리면서 산다는 것, 그리고 만방에서 배울 수 있는 것은 정말 감사한 일이다. 우리 가지의 이름이기도 한 에티오피아라는 나라에서는 아이들이 돌산이나 모랫길처럼 위험한 땅에서 신발도 없이 어마어마한 무게의 포대를 메고 나른다고 한다. 이 아이들은 그토록 공부하기를 원하지만 할 수가 없다.

우리는 자신이 얼마나 축복받은 존재인지를 알아야 한다. 그리고 동시에 이것이 세상의 어려움을 겪고 있는 누군가를 도울 수 있는 사명이라는 것도 깨달아야 한다. 이제 나부터 한 발 한 발 천천히 내딛을 것이다. 물론 앞으로도 나에게 여러 유혹과 어려움이 닥쳐오겠지만, 가장 중요한 것은 내 마음가짐이란 것을 알았다. 앞으로 마음을 다잡고 내 한계와 맞서는 내가 되고 싶다.

내 인생을 변화시킨
결정적인 한순간

중남미 나무 · 멕시코 가지 | **정지예** (9학년)

이 책에는 우리가 이름만 들어도 아는 그런 음식점이나 회사에서 일하는 성공한 사람들의 이야기가 담겨 있다. 그러나 책에서는 자신이 어떤 방법으로 성공했는가가 아닌, 자신의 부끄러운 기억과 과거를 고백하며 어떻게 그 고난들을 이겨내고 지금까지 올 수 있었는지에 대해 이야기하고 있다. 그들은 많은 고난을 겪었다. 사업이 망하고, 가난 때문에 굶주리고, 술에 찌들고, 이리저리 떠돌아다녔다. 이 같은 어려움을 이겨

낸 그들이 말한 것 중 공통된 것이 있었다.

첫 번째는 '되돌아봄'이다. 이 책에 나오는 사람들 중, 절반에 가까운 사람들이 모두 고난 중에 자신을 되돌아보았다. '내가 왜 이러고 있지?' '이게 진정 내 길인 것일까?' 하고 말이다. 그리고 그들은 자신의 결점을 발견하고 이를 고쳐나갔다.

나도 스스로를 많이 돌아보며 과거에서 결점을 찾지만, 고칠 생각보다는 후회하는 것에만 그쳤다. 어려운 상황을 만나고 그것을 이겨낼 때, 자신을 되돌아보며 결점을 찾고 실천하는 것이 내가 세울 첫 번째 결심이자 그들의 첫 번째 공통점이다.

두 번째는 '포기하지 않음'이었다. 많은 사람이 사업을 시작하고 나서도 망했던 적이 수십 번이었다고 말한다. 가난에서 벗어나기 위해 수차례 가게를 열고 새로운 시도를 해봤지만 결과는 모두 좋지 않았다. 하지만 그들은 포기하지 않고 계속 도전했다. 에디슨이 수천 번의 실험 중 한 번 성공했을 때, '수천 번의 실패가 아닌, 전구가 되지 않는 수천 가지의 방법을 알아낸 것'이라고 말한 것처럼 그들은 계속 도전했다.

나는 그들의 도전을 높이 평가하고 싶다. 포기하지 않는다는 것이 쉬워 보일 수도 있겠지만, 적어도 나에게는 내 인생 과제 중 하나였다. 그동안 여러 악기를 배웠지만 결국에는 다 포기하고 더 이상 도전하지 않았다. 나는 가끔 악기를 연주하는 사람들을 보면 부럽다. 막연히 악기를 연주해서가 아니라, 그들의 끊임없는 도전이 부러운 것이다. 도중에 포기했기에 악기를 배우기 전보다 실력이 늘지 않았다는 것을 안 후로는, 어떤 일이든 한 번 시작한 일은 끝을 내고 보자는 마음을 가져야겠다고 다짐했다.

세 번째는 '노력'이었다. 포기하지 않는 것과 비슷하게 보이겠지만, 여기서 말하는 노력은 성장하고 싶은 마음으로 하는 노력이다. 한 예로 떡볶이 프랜차이즈 대표 김상현 씨는 처음에 작은 노점에서 시작했는데, 떡볶이를 팔면서 손님들을 더 모으기 위해 떡볶이에 대해 끊임없이 연구하고 떡볶이가 맛있는 집이 있으면 가서 비법을 배우곤 했다고 한다. 그 결과, 체인점만 나갈 수 있는 대회에서 노점 상인으로서 당당히 실력을 인정받아 체인점을 열게 되었고, 지금은 유명한 떡볶이 프랜차이즈의 대표가 되었다.

나는 그의 자존심을 넘어선, 성장을 향한 노력에 감동했다. 배우는 데에는 스승과 제자가 없다는 말을 이럴 때 쓰는 게 아닐까. 성장을 위한 그의 노력 앞에 자존심은 중요하지 않았다. 어쩌면 내가 그동안 작은 우물에 고여 있었던 것은 나의 쓸데없이 센 자존심과 고집 그리고 익숙함 때문이었을 것이다. 나는 성장하고 싶은 마음이 굴뚝같은데도 이것들에 짓눌려 노력조차 하지 않았다. 설령 내가 막상 노력했다 해도 변함이 없었던 건, 내 안에 있는 자존심과 고집이 내 행동을 차단한 범위 안에서 노력했기 때문이었을 것이다.

이제는 먼저 움직이기로 했다. 어색하다고, 귀찮다고, 내가 원하는 게 아니라고 노력하지 않는 것이 아니라 성장해 있을 나를 기대하며 내가 먼저 움직이고 배우며 노력할 것이다.

되돌아보고, 고치고, 포기하지 않고 나아가며 성장을 위해 노력하는 것. 정말 어떻게 생각하면 거창하고 어떻게 생각하면 소박해 보이지만, 실천하는 것이 어렵다는 것을 알기에 지금 결심한 것들을 잊지 않기 위해서 노력하고 행동할 것이다.

당신은
도전자입니까

아시아 나무 · 동남아시아 가지 | **임현우** (10학년)

이번 JD 때 나는 내 인생의 첫 번째 큰 도전에 발을 내디뎠다. 이 책의 저자는 극한 상황으로 자신을 내몰아 자신의 잠재력을 시험하는 걸 즐겼는데, 그렇게 자신을 발전시켜나가는 모습이 정말 인상 깊었다. 그래서 이 책을 읽은 1~2년 전부터 나는 꾸준히 하나씩 새로운 것에 도전해오고 있다.

이번 도전은 소위 클래스가 다른 도전이었다. 예전부터 합창단 신청, 홍

대 버스킹 등 여러 가지 도전을 했을 때도 사람들이 말리는 일은 없었는데, 이번에는 달랐다. 많은 사람들의 반대에도 나는 제 14회 동계 풀코스 마라톤에 도전장을 내민 것이다. 결론부터 말한다면 3시간 안에 21km만 뛰었다. 어떻게 보면 '도전 실패'로 보이겠지만, 나는 이번 도전에 감히 성공했다고 말하고 싶다. 21km의 극한의 고통에서 깨달은 것이 있기 때문이다.

8km때부터 새 신발을 신고 달려서 그런지 발바닥이 타들어가는 것 같았다. 2월 12일에 참가했기 때문에 준비 운동 없이 한 달 동안 쉬고 갑자기 달리는 게 무리가 간 것일 수도 있었다. 그렇게 페이스가 끊기고 4km정도 걷고 뛰기를 반복하면서, 나는 '달리는 사람들을 보며 내가 힘을 얻듯이 나의 달리는 모습을 보며 누군가도 힘을 얻는다'는 것을 깨닫게 되었다. 나보다 나이가 몇 배나 많은 어르신들, 여자분들, 시각 장애인분들도 모두 열심히 달리고 있었다. 아마 그분들이 없었다면 나는 8km 이후의 모든 레이스를 뛰지 못했을 것이다.

흔히 마라톤을 삶에 비유하곤 하는데, 마라톤에 참여한 나의 도전과 열심이 주변 사람들에게 분명 좋은 영향을 미칠 수 있다는 것을 알게 되었다. 또 정말 힘들어 걷고 싶을 땐 사람들이 달리는 모습을 보면서 위로받고 다시 달릴 수 있는 힘이 생긴다는 것도 알게 되었다. 이번에 내가 뛴 마라톤 코스에는 반환점이 있어서, 나를 앞질러 가서 되돌아오는 사람들과 나보다 늦게 오는 사람들을 다 볼 수 있었다. 10km 반환점을 돌면서 나는 타들어가는 발을 억제할 수 없어 걸을 수밖에 없었는데, 그렇게 1km 정도 걸었을 때 맞은편에서 무뚝뚝한 표정으로 걸어오는 한 여학생을 보게 되었다.

순간 나는 그 여학생과 똑같은 표정으로 걷고 있는 나를 발견했고, 저 모습이 내 모습일 거란 걸 알았을 때 큰 충격을 받았다. 그 모습에서는 도무지 '열정'을 찾아볼 수 없었기 때문이었다. '내가 저렇게 식은 열정을 보여주러 왔나' 하는 생각이 들어, 주변에 나와 속도가 비슷한 페이스메이커를 찾아 다시 뛰기 시작했다. 비록 발은 타들어가는 것 같고 팔은 제대로 움직이지도 않았지만 '도전하는 인생이 아름답다'는 걸 이해하는 순간이었다.

　중국에 와 있는 나는 이미 도전을 하고 있지만, 앞으로도 끊임없이 도전하고 변화할 것이다. 절대 평범함에 안주하지 않을 것을 스스로에게 약속하며, 나를 더 지혜롭고 다채롭게 만들기 위해 나의 도전기를 계속 이어나갈 것이다.

여섯 번째 숲
관계, 태도

지혜의 숲에서 만난 아이들

99℃

아프리카 나무 · 부르키나파소 가지 | **김예빈B** (8학년)

이 책은 친구가 하도 재미있다고 해서 집어 들었다가 '99℃'란 제목이 인생의 온도에 관련된 이야기일 것 같아 더욱 흥미를 끈 책이다. 다른 친구가 먼저 골라둔 책이었지만 그 친구가 나에게 양보해 주었고, 이 책은 지금의 나에게 정말로 큰 도움이 되었기에 그 친구에게 진심으로 고맙다고 전하고 싶다.

이 책은 어릴 적 교통사고를 당한 트라우마로 인해 자라면서 소심하고 예민해진 올리버가 자신을 응원하고 도와주는 여러 사람을 만나면서 정신적으로나 인격적으로 성장하게 된다는 내용을 담고 있다. 7살 때 교통사고를 당한 올리버는 고등학생이 되어서도 그 사고의 기억으로부터 벗어나지 못해서 TV 드라마 주인공 중 겁쟁이, 부끄럼쟁이라고 알려진 '콰지모도'라고 놀림받으며 소외당한다. 그런데 어느 날, 올리버는 고립된 자신을 집 밖으로 꺼내준 필란이란 인디언 청년과 노래의 의미를 찾게 도와준 오웬 선생님, 그리고 물의 끓는점은 99℃가 아니라 100℃라는 사실을 알게 해 준 앤드류 등 여러 조력자들을 만나면서 자신만의 길을 찾아간다.

올리버가 불편한 다리 때문에 사용하는 '목발'은 이 이야기에서 중요한 상징인데, 그것은 숨길 수 없는 결핍을 나타낸다. 올리버는 학교에서 '콰지모도'라고 놀림받을 때마다 자신의 처지가 과거의 사고 때문이라고 치부하며 자신을 비관적으로 바라보았다. 그런 17살의 올리버에게 찾아온 필란, 줄리엣, 오웬 등의 조력자들은 올리버가 자신을 있는 그대로 사랑하며 노력해가길 조언한다. 또한 앤드류는 물의 끓는점이 100℃라고 말하며 1℃라도 부족하면 끓지 않는다고 말해 준다. 그 후 올리버는 자신이 99℃의 인생에 머물러 있음을 깨닫고 자신의 장애까지 있는 그대로 사랑하기로 결심하며 끓어오르는 인생을 살기 위해 노력하게 된다. 그리고 노래 대회를 통해 마침내 자신이 '목발'을 짚고 있는 모습을 많은 사람들에게 당당히 드러낸다.

나는 이 책을 읽으면서 올리버를 통해 나의 모습을 돌아보았다. 그리고 내가 어떻게 하면 99℃에 머무르는 삶에서 1℃를 더할 수 있는지 깨달았다. 그것은 바로 나 자신을 있는 그대로 인정하고 사랑하는 것이다. 올리버는 끊임없이 다른 사람과 자신을 비교하면서 자신의 부족함에 좌절을 느껴왔

지혜의 숲에서 만난 아이들

다. 나 역시도 다른 사람과 나를 비교하면서 나의 결핍이 내 인생의 전부인
양 굴었다. 나 자신을 전혀 모른 채로 '나는 무기력하고 무감각한 아이'라며
내 모습을 한정시켰다. 마치 올리버가 자신을 '콰지모도'라는 별명에 가둬
두었듯이 말이다.

　만방에 와서 상담을 통해 나에 대해 많이 알아가고 있는데, 나는 생각했
던 것보다 더욱 부족하고 내 마음에 차지 않는 사람이었다. 이를테면, 나의
'목발'은 좁은 인간관계, 나만의 생각에 빠져 사는 것, 완벽을 추구하며 남
들과 비교하면서 감정기복이 심해지는 성격, 남에게 상처 주는 말을 내뱉
는 습관, 게으름 등이었다. 처음에는 그 단점들을 마주하기 싫었다. 내가 인
정하든 안 하든 내 모습엔 별로 변화가 없을 것 같았고, 그럴 바에는 차라리
인정하지 않는 것이 더 편할 것 같았기 때문이다.

　사실 나 자신을 있는 그대로 인정해야 거울 앞의 내 모습 속에서 '목발'만
이 아닌 나의 잠재된 가능성을 발견할 수 있는 것이다. 그리고 부족함을 알
기에 더 노력할 수 있고 가능성을 계발해나갈 수 있다. 만방에서 나의 단점
뿐만 아니라 장점도 알아가고 있다는 사실은 내가 점점 앞으로 나아가고 있
다는 증거라고 생각한다. 올리버의 이야기는 지금의 내 고민과 생각들이
1℃를 올리는 가열제의 재료가 될 수 있을 거란 희망을 심어 주었다. 이러한
용기와 희망을 마음에 품고 나를 있는 그대로 사랑할 것이다. 또한 내 단점
들로 인해 좌절하지 않고 보완하려고 노력할 것이다.

뉴욕 뒷골목
수프가게

중국 나무 · 상하이 가지 | **김하은** (6학년)

독후감 책으로 무엇을 읽어야 할지 고민하던 중에, 방장 언니 가 이 책을 권해주어 읽게 되었다. 무너져가는 수프 회사의 CEO였던 낸시는 회사를 되살리기 위한 방법들을 찾던 중, 뉴욕 뒷골목에 서 수프가게를 운영하고 있던 다이엔을 찾아가 수프 요리법을 배우게 된다. 그런데 이 요리법은 일반적인 요리법이 아닌, 수프를 만드는 사람이 가져야 할 마음가짐에 대한 것이었다.

나는 낸시가 배운 요리법 중 '희망으로 이끌기'란 방법이 마음에 가장 와 닿았는데, 이 방법은 나도 이미 경험해 본 터라 더욱 그러했는지도 모르겠다. 숙제가 많은데 시간이 없을 때와 같이 사소한 문제들부터, 친구 관계나 가정 문제처럼 좀 더 심각한 문제까지 '해낼 수 있어, 잘될 거야'란 희망이 있었기에 이겨낼 수 있었다. 이렇게 문제에 부딪힐 때마다 겪었던 것처럼, 희망이 중요하다는 것을 알았지만 막상 평범한 일상에서는 희망을 가지려고 노력하지 않았다. 품었던 희망이 한 번 사라지게 되면 다시 생기기 어렵다고 생각했기 때문이다. 희망을 가질 수 있는 상황에서도 부정적이었던 낸시를 보며 나의 모습을 다시 한 번 되돌아보고 반성하게 되었다.

다음으로 낸시가 배운 요리법은 '언제나 솔직하기'다. 사실 나는 솔직하기가 조금 힘들었는데, 만방에 오기 전에는 할 일을 제대로 하지 않아 늘 혼날 때 변명만 늘어놓고 거짓말하기 일쑤였다. 그러나 이 책을 읽고 나니 한국에서의 그 시간들이 너무나도 후회가 되었다. 거짓말을 계속 하게 되면, 관계에 금이 가고 결국 신뢰마저 무너지게 된다. 그리고 그렇게 무너진 신뢰를 다시 회복하기란 여간 힘든 일이 아니다. 그래서 잘못했을 때는 혼이 나는 게 두렵더라도 남을 속이고 나 자신까지 속이는 거짓말을 하지 않기로 다짐했다.

마지막 요리법은 '감사하기'다. 낸시는 다이엔이 알려 준 경영법으로 회사를 일으켜가고 있었지만, 아직도 뭔가가 부족하다는 것을 느낀다. 그때 다이엔이 낸시에게 알려 준 것은 가장 쉬운 요리법, 바로 '감사하기'였다. 다이엔은 사소한 일이라도 주변 사람들에게 감사한 마음을 표현하라고 조언하면서, 진심으로 감사하단 말을 전할 때 직원들도 마음을 열게 될 것이라고 말해 주었다. 나도 '감사하기'가 중요하다는 말에 적극 동감한다. 누군가를 도와주거나 무언가를 빌려주었을 때처럼 감사 인사를 받을 기회는 많은데다 감사를 전하는 일도 전혀 어렵지 않다. 누군가 나에게 감사하다고 했을 때도 물론 기쁘지만, 내가 누군가에게 감사하다고 말할 때도 큰 기쁨을 느낀다. 마음으로 느끼고, 말하면서 다시 한 번 느끼게 되니 감사와 기쁨이 더 커지는 것 같다. 그래서 나는 앞으로 작은 일에도 감사하면서 나 자신은 물론 다른 사람들에게도 기쁨을 전할 것이다.

다이엔은 수프를 만들 때 신선한 재료나 색다른 방법도 중요하지만 수프를 만드는 사람이 어떤 마음으로 수프를 젓느냐에 따라서 맛이 달라진다고 말한다. 나도 낸시처럼 사람들을 대할 때나 생활할 때 나만의 레시피를 만들어보면 좋겠다는 생각이 들었다. 사람들을 대할 때마다 사랑과 감사를 넣고 저어본다면 나만의 멋진 수프를 사람들에게 대접할 수 있지 않을까?

지혜의 숲에서 만난 아이들

꽃보다 미소

중남미 나무 · 멕시코 가지 | **이해주** (9학년)

꽃보다
미소

내가 이 책을 읽게 된 이유는 책 표지에 쓰여 있는 '미소를 짓는 사람은 근심이 없다'라는 구절 때문이었다. 나의 5월달 다니엘 체크리스트 중에 '긍정적으로 생각하며 많이 웃기'라는 항목이 있다. 왜 이런 항목을 적었을까 생각해 봤는데 언제부터인가 나는 쓸데없는 걱정을 해서인지 아이처럼 웃지 않는다는 생각이 들었고, 이 책이 다시 나를 아이처럼 웃게 해줬으면 좋겠다는 바람이 있었던 것 같다.

이 책에서 가장 인상 깊었던 구절이 있다. '사물은 바라보는 관점에 따라 가치가 달라지는 법이지. 사람도 마찬가지가 아니냐. 사람을 돌처럼 보느냐, 이 다이아몬드처럼 보느냐에 따라 가치가 달라지는 법이야.'

내가 만방에서 처음 섬김이가 되었을 때, 의무감만 있었던 것 같다. 그래서 주동적으로 섬긴 것이 아닌 피동적으로 반 친구들을 섬겼다. 사실 반 친구들을 사랑하는 마음도 없었다. 그런데 언젠가 섬김이 회의에서 친구를 진심으로 사랑하고 그런 마음을 갖게 해달라고 기도하자는 말이 나왔다. 이 회의 후에 나 역시 반 친구들을 사랑하고 싶은 마음이 들었고, 날마다 하나님께 우리 반을 사랑할 수 있는 마음을 갖게 해달라고 기도하고 있다.

이 기도는 지금도 진행 중이다. 하지만 기도를 시작하고 확연히 달라진 점이 있다. 우리 반을 구성하는 한 명 한 명이 하나님의 너무나도 귀한 창조물이고 하나님께서 정말로 사랑하시는 그분의 자녀라는 생각이 들면서, 우리 반 모든 친구가 너무 소중하고 귀중한 존재로 보인다는 것이다. 책에 적힌 대로, 처음에는 친구들을 돌로 봤다면 '기도'라는 무기를 통해 먼지 속에 가려진 다이아몬드를 발굴할 수 있었던 것이다.

또 인상 깊었던 부분 중, 경쟁에 대해 생각하게 하는 구절이 있었다. '마라톤은 흔히 우리 삶에 비유되곤 한다. 우리들 인생도 성공하기 위해 경쟁하고, 이 경쟁에서 승리한 사람은 존경과 부러움을 받는다. 하지만 최고가되는 대신 자신의 여건과 환경에서 최선을 다해 완주한 사람에게 주어지는건 자기만족뿐이다. 그래서 꼴찌는 외롭다. 꼴찌가 목표를 향해 달리는 이유는 자신과의 싸움에서 승리함으로써 스스로의 존재를 확인하는 데 있는 것이다. 오직 허영을 위해 뛰는 사람들보다 얼마나 가치 있는 삶인가.'

지혜의 숲에서 만난 아이들

나는 만방에 와서 '늦어도 좋다'라는 생각을 갖게 되었다. 정확하고 바른 인생의 목표만 있다면 남들보다 1-2년 늦는 것은 아무것도 아니라는 생각이 들었다. 한국에 있을 때는 인생의 마라톤에서 1등을 하기 위해 안간힘을 쓰며, 그것을 위해 내가 하고 싶은 많은 것들을 희생해야 했다. 그렇게 주구장창 나만의 목표 없이 1등을 위해 달렸던 것 같다. 그래서인지 만방에 1년을 낮추고 왔을 때 내 또래에 비해 뒤쳐지는 것 같아 많이 불안했지만 이곳에서 차근차근 적응해나가고 만방의 가르침을 받다 보니 책에 나와 있는 것처럼 꼭 1등을 할 이유는 없겠다 싶었다.

그저 하나님이 원하시는 그 길을 걷고 이에 최선을 다한다면 나는 영생을 얻을 것이며 천국이라는 하나님의 나라에서 환영을 받을 거라 확신한다. 이렇게 영원한 소망을 기대하며 살아간다면 비록 세상에서 말하는 1등은 못하더라도 나 자신과의 싸움에서 이길 수 있을 것이며 나라는 존재, 하나님의 자녀라는 존재를 확인할 수 있을 것이다.

'미소를 짓는 사람은 근심이 없다.' 나는 만방에서 천천히 내 미소를 되찾아가고 있다. 근심이 없어서 미소를 찾아가는 것이 아니라 하나님의 자녀로서 가져야 할 생각, 만방의 학생으로서 가져야 할 생각을 하며 천천히 성장 중이다. 하지만 얼굴을 찌푸리며 하는 생각이 아닌 그 생각에 감사하며 미소 지을 것이다.

파인애플 스토리

중남미 나무·페루 가지 | **전지민** (9학년)

여러 가지 문제들로 지쳐 마음속에 화가 쌓여서 친구에게 고민들을 털어놓고 있었는데, 갑자기 친구가 자신의 사물함에서 이 책을 주며 "지금 너에게 가장 필요한 책인 것 같아"라고 하였다. 그러나 나는 '책의 제목만 봐서는 지금 내가 하고 있는 이야기와 전혀 관련이 없어 보이는데?'라는 의문을 가지며 이 책을 읽기 시작했다.

이 책은 한 선교사가 직접 겪은 이야기를 담은 책이다. 그는 가족과 함께

밀림 깊은 곳에서 원주민을 위해 일하고 있었다. 그러던 어느 날, 그는 그곳에서는 구할 수 없는 파인애플을 들여와야겠다고 결심하고는, 파인애플 묘목 100그루 정도를 구해온다. 하지만 3년이 지나서 파인애플이 열리자 원주민들이 그 파인애플을 모두 다 훔쳐가버렸고, 선교사는 너무 화가 나서 자신의 아내가 하던 병원 문을 닫아버린다. 원주민들의 간절한 부탁으로 다시 병원 문을 열었지만, 이후에도 원주민들의 파인애플 약탈은 멈추질 않았다. 선교사는 더 이상 참을 수가 없어 다시 병원 문을 닫고 경비원을 세워두는 등 온갖 방법을 다 써보지만, 파인애플을 훔쳐가는 원주민들을 막을 수는 없었다.

그는 이 문제를 어떻게 해결할지 고민하던 중에 안식년을 맞아 본국으로 돌아와 베이직 세미나에 참석하게 되는데, 그곳에서 자신이 가진 것을 하나님께 모두 다 드려야 한다는 깨달음을 얻게 된다. '네가 주면 얻을 것이고, 너를 위해 쌓아 두면 잃어버릴 것이다. 네가 가진 모든 것을 하나님께 드려라. 그러면 하나님께서 네게 필요한 것을 채워 주신다.'라는 성경 말씀이 진리라는 것을 깨달은 저자는 파인애플 밭을 하나님께 드리기로 결심한다.

그 후, 밀림으로 돌아온 선교사는 경비원들을 모두 되돌려 보내고, 원주민들이 파인애플을 가져가도 그대로 두었다. 그러자 놀라운 일들이 일어난다. 원주민들은 파인애플을 훔쳐가도 선교사가 화를 내지 않자 처음에는 이상하게 여기다가 점점 마음 문을 열고 감동하게 된다. 그리고 선교사의 말과 행동이 변하자, 그 모습을 본 원주민들이 진정한 그리스도인이 되고 싶다며 선교사를 찾아오기 시작한다.

이 이야기를 읽으면서, 선교사의 모습 속에서 내 모습을 보았다. 늘 나는

여섯 번째 숲 _ 관계, 태도

친구들에게 그리스도인답게 행동하라고 말하면서, 친구들이 그렇게 하지 못할 때는 마음속으로 화를 내곤 했었다. 그런데 돌이켜보니, '과연 나는 그리스도인답게 살고 있나' 하는 의문이 생겼다. 나 역시도 말과 행동이 다르고 그리스도인답게 살지 못하면서, 다른 사람들을 정죄하며 불평하고 짜증냈던 내 모습이 너무나 부끄러웠다. 이제껏 만방에서 많이 성장했다고 생각했는데, 막상 처음 모습과 별반 다르지 않은 내 모습들이 보인 것이다. 바쁘다고 불평하면서 친구들이 조금만 내 말을 안 들어줘도, 성장하려는 의지가 없다고 판단해버렸던 내 모습. 아마도 하나님은 이런 나의 모습을 보여주시려고 친구를 통해 이 책을 읽게 하신 것 같다.

이 책을 읽으면서 화를 다스리는 방법뿐만 아니라 내 부족한 점들을 알게 되어 감사했다. 앞으로도 내 문제점들을 인식하고 고쳐나가면서 더욱 더 성장하는 내가 되고 싶다. 그래서 이 책을 읽은 후 두 가지 실천사항을 정했는데, 하나는 친구들에게 '사랑으로 다가가는 것'이고 다른 하나는 '나부터 변화하는 것'이다. 나는 그동안 친구들이 성장에 대해 고민하지 않는다고 판단하고 사랑으로 다가가지 못했는데, 이제는 먼저 다가가 많은 이야기도 나누면서 관심을 표현하고 싶다. 또한 나 자신도 계속 성장시키면서 친구들이 잘 성장할 수 있도록 도와주며 응원해주고 싶다. 성장 속도는 개인마다 다르기 때문에 나보다 빠른 친구가 있다면, 느린 친구도 있을 것이다. 친구들과의 관계 속에서 나의 부족한 점을 발견하고 보완해가며, 성장을 방해하는 것들을 함께 이겨내고 싶다.

Listen!
리슨 : 5분 경청의 힘

아프리카 나무 · 케냐 가지 | **공지유** (8학년)

'듣는 것'과 '말하는 것' 중 무엇이 더 중요할까? 아마 대부분의 사람들은 '말하는 것'이 더 중요하다고 생각할 것이다. 말을 더 많이 하고 자신의 주장을 더 논리적으로 강력하게 펼칠 수 있는 사람, 즉 목소리가 큰 사람이 리더라고 여겨지는 경우가 많다. 나 역시도 공적인 모임에 가거나 회의를 진행하게 되면, '나' 중심으로 말하고 최대한 내 입장을 더 많이 표출하려고 노력했다. 하지만 이 책을 읽은 후, 진정한 대화의 영향력은 말하는 것보다 듣는 것에서부터 시작된다는 것을 알게 되었다. 그렇다면 나는 좋은 청자일까?

이 책에서는 6가지 나쁜 청자의 유형을 말하고 있는데, 그것은 고집쟁이형, 심술쟁이형, 긴 서론형, 돌림노래형, 정답맨형, 가식형이다. 이 중에서 한 가지라도 해당된다면 대개 다른 5가지에도 해당될 가능성이 높다고 한다.

나에게는 6가지 유형 중, 고집쟁이형과 정답맨형 그리고 가끔씩 가식형과 심술쟁이형의 모습이 있다는 것을 알게 되었다. 고집쟁이형은 자신의 말이 가장 타당하다고 고집하면서 다른 사람들의 의견을 수용하려 하지 않는 유형이다. 이러한 유형은 특히 리더일수록 자만심에서 비롯되어 나타나는데, 내가 회의를 진행할 때나 의견을 낼 때 고집쟁이형 청자였다는 것을 알게 되어 반성하게 되었다.

정답맨형은 상대방에게 항상 정답을 알려 주며 해결사가 되고 싶어 하는 유형으로, 이러한 유형의 사람은 상대를 만족시키는 정답을 제시함으로써 주목받고 싶어 한다. 나는 친구의 고민을 들어줄 때 정답맨형이 되는 것 같다. 친구의 고민이 무엇인지 제대로 다 듣기도 전에 일단 나의 생각을 거침없이 말하고 답을 정해 주기 때문이다. 이 책을 보면서 그동안 내게 고민 상담을 했던 친구들의 고민이 풀리지 않았을 것 같단 생각이 많이 들었다.

6가지의 나쁜 청자 유형에는 한 가지 공통점이 있었는데, 그것은 바로 다른 사람과 대화할 때 항상 '나' 중심이라는 것이다. 즉, '나'의 의견이 제일 중요하고, '나'만 더 많이 말하고 싶어 하는 것이다. 고집쟁이와 정답맨, 그리고 가식과 심술쟁이 유형에 해당되는 나는 결코 좋은 청자가 아니었다.

지혜의 숲에서 만난 아이들

과연 어떻게 하면 좋은 청자가 될 수 있을까? 이 책에서는 그 비법을 '80:20 규칙'이라고 알려 준다. 이 규칙은 대화에서뿐만 아니라 경제나 여러 가지 분야에서도 적용될 수 있는 '황금 규칙'으로 대화할 때 80%는 상대방이, 20%는 내가 말하라는 것이다. 그러나 말하는 것을 좋아하는 나는 이 규칙과는 정반대로 대화하곤 했다. 참지 못하고 상대방이 말하는 도중에 끼어든 적도 많았고, 항상 '내가 더 많이 안다'고 자부하면서 상대방의 이야기에 귀 기울이지도 않았던 것이다. 그러나 이 책에서는 항상 상대방에게 내가 모르는 어떤 정보가 있을 거라 생각하면서 그 정보가 나올 때까지 침묵하며 듣고 있으라고 조언한다.

　책에 나온 모든 경청의 Tip을 한마디로 요약하자면 "대화의 중심을 상대방에게 두라"는 것이다. 내 목소리를 조금 더 낮추고 상대방의 목소리를 높여 줄 수 있는 경청의 힘으로, 대화에서 영향력을 발휘할 수 있는 '좋은 청자'가 될 수 있기를 기대해본다.

비폭력 대화

중국 나무·상하이 가지 | **김하영** (6학년)

독후감을 쓸 책을 찾다가 나에게 유익할 것 같아 읽게 된 이 책에서 가장 인상 깊었던 주제는 '비교하는 말'이었다. 비교를 하게 되면 나 자신을 사랑할 수 없다는 구절을 읽고 스스로를 돌아보니, 항상 나는 누군가와 비교를 하고 있었다. '쟤는 예쁜데 나는 왜 안 예쁘지?', '저 친구는 공부를 잘하는데 왜 나는 공부를 못하지?' 등 다양하게 말이다. 그중에서도 항상 내가 부족하다고 생각하는 점들을 비교하며 스스로를 비난하고 있었다. 이처럼 나는 나 자신을 사랑하지 못하고 있었다.

책을 통해 나의 이런 모습들을 돌아보고 있을 때, 창조과학 세미나에서 선생님이 '하나님께서 지으셔서 나는 아름답다. 예수님께서 대신 죽으실 만큼 나는 고귀하다. 성령님께서 함께하셔서 나는 사랑스럽다'라고 말씀해 주신 것이 기억났다. 이제는 나를 소중하게 여기고 사랑해야겠다는 마음이 들면서부터 나의 장점들이 보이기 시작했다. 지금이라도 나 자신을 사랑할 수 있게 되어서 정말 감사했다. 그리고 앞으로는 나를 다른 사람과 비교하기 전에 이 말을 기억하며 그런 생각들을 버리려고 노력할 것이다.

그다음으로 인상 깊었던 주제는 '비폭력 대화로 말하기'였다. 여기에서는 남을 판단하면서 말하는 것이 아니라 나의 생각을 말하는 '나 전달법'을 소개하고 있다. 예를 들면, 친구가 약속 시간에 늦었을 때, "난 네가 내 약속을 어길까 봐 걱정했어. 앞으로는 약속 시간을 잘 지켜 줬으면 좋겠어."라고 말하며 나의 감정을 말로 잘 전달하면 되는데, "왜 늦었어? 시간 약속 좀 제대로 지켜."라고 말하며 상대방의 잘못을 지적하면 이것은 '너 전달법'이 되어 상대방의 기분을 상하게 한다는 것이다. 나는 이제까지 상대방이 받을 상처는 생각하지 않은 채, 내가 하고 싶은 말을 내뱉었다. 하지만 이 책을 통해 어떤 것이 잘못되었고, 어떻게 말해야 하는지도 알게 되었으니 앞으로는 '너 전달법'이 아닌 '나 전달법'으로 말해야겠다고 다짐했다.

마지막으로 '당연한 것은 하나도 없어요'라는 이야기를 인상 깊게 읽었다. 나는 지금까지 내가 숨 쉬는 것, 잘 자고 잘 먹을 수 있는 것, 좋은 친구들과 선생님이 계시는 것, 그리고 부모님이 나를 사랑해 주시는 것처럼 사소한 것들을 너무나도 당연하게 여기며 감사하게 생각하지 않았다. 도리어 부모님이 나를 사랑하셔서 대화하고 싶다는 것을 알면서도 왜 계속 똑같은 것을 물어보느냐며 짜증을 내곤 했다. 그러나 이 책을 읽고 나서 세상에 당연한 것은 절대로 없다는 것을 알게 되었고, 매 순간 나에게 일어나는 일들이 감사하게 느껴졌다.

그리고 이제껏 숙제였기 때문에 썼던 감사일기도 더 열심히 써야겠다고 다짐했다. 앞으로는 감사일기를 쓰며 하루 동안 있었던 일들에 감사할 때, 저절로 미소가 지어지고 한 장 정도는 훌쩍 넘길 만큼 길게 쓸 수 있을 것 같다. 이제는 이렇게 하루하루 행복하게 살 것이라고 생각하니 또 감사한 마음이 든다. 지금의 이 마음과 결심을 잊지 않고 하루하루를 감사하며 정말 가치 있고 행복하게 살아야겠다.

이 책을 읽고 느낀 것들을 하루 이틀 지나면 잊어버리는 게 아니라, 항상 기억하며 실천하려고 노력할 것이다. 이 책을 통해 다시 한 번 나를 돌아볼 수 있었다는 것, 어떻게 말하는 것이 좋은지를 배우게 되었다는 것, 당연한 거라 생각했던 것들에 대해 감사할 수 있다는 것에 정말 감사하다.

지혜의 숲에서 만난 아이들

피드백 이야기

아프리카 나무·에티오피아 가지 | **김유찬** (8학년)

이 책을 읽고 나의 잘못된 언어 습관과 그것을 어떻게 바꿔야 하는지 알게 되었다. 이 책에 따르면 피드백에는 '지지적 피드백', '교정적 피드백', '학대적 피드백', '무의미한 피드백', 이렇게 네 가지가 있다고 한다. 이 중에서 나는 항상 다른 이들에게 상처를 주는 '학대적 피드백'을 했던 것 같다. 다른 사람의 좋은 점을 보려 하기보다는 단점과 잘못된 행동을 보면서 왜 그렇게 행동하느냐고 지적하거나 상대방의 기분은 무시

한 채 감정적으로 말하곤 했다. 그런데 이 책을 읽으면서, 그런 나의 피드백들이 충분히 잘할 수 있었던 상대방을 오히려 지치게 만든 건 아닐까 하는 생각이 들었다.

사실 나는 사람들과 피드백을 많이 하지 않는 편이다. 그래서 나에게는 변화가 잘 일어나지 않는다. 다른 사람들과 피드백을 나누기보다는 스스로에게 피드백을 직접 주면서 자존감을 잃지 않고 성장해보려 했지만 잘 안 되었던 것 같다. 이렇게 항상 나 자신과만 대화하며 나의 피드백 통을 채우지 않았던 모습은 나의 성장을 방해했을 뿐만 아니라 주위 사람들과의 관계에도 좋지 않은 영향을 주었다. 그랬던 나에게 이 책은 다른 사람과의 피드백을 시작하는 것이 변화의 시작이고 변화하기 위해서는 어떻게 가야 하는지를 알려 주었다.

먼저, 짧은 인사 같은 의사소통이라도 다른 사람과 나누면서 그들과 가까워지도록 노력하는 것이 변화로 가는 첫걸음이다. 상대방과 더욱 가까워지려면 그의 관심사가 무엇인지 찾고 그것에 나도 관심을 가지는 것이 또 다른 한 걸음이다. 남이 잘했을 때는 그것이 운이라도 먼저 칭찬하는 태도를 가지는 것이 또 한 걸음이며, 다른 사람을 응원하고 의지할 수 있도록 도와주며 먼저 다가가는 것이 또 한 걸음이다. 그리고 누군가 잘못했을 때는 '학대적 피드백' 대신 '교정적 피드백'을 주는 것이 또 다른 한 걸음이다. 교정적 피드백은 잘못된 것을 바로잡아주는 것인데, 이것이 지나치면 학대적 피드백이 될 수도 있기 때문에 많은 연습이 필요하다. 이렇게 작은 걸음들을 계속 옮기는 것이 바로 변화라는 도착점에 이르는 과정이다.

서로의 의견을 존중하고 격려하는 '지지적 피드백'은 많은 이들이 용기를 가지고 변화할 수 있는 기회를 만들어 주지만, 상처를 주고 남을 끌어내리는 '학대적 피드백'은 그가 변화할 수 있는 길을 방해하며 포기하게 만들 수도 있다. 이처럼 피드백은 우리에게 많은 영향력을 미친다. 따라서 나는 이 책에서 알려 준 대로 한 걸음씩 가보려고 한다. 나의 피드백 방법이 변화하면, 나뿐만 아니라 내 주위에 있는 많은 친구들에게 좋은 영향을 미치고 긍정적으로 변화될 수 있다고 믿기 때문이다.

말의 품격

중남미 나무 · 브라질 가지 | **안준혁** (9학년)

한마디 말은 칼과 같다고 했다. 잘 쓰면 누군가에게는 치료가 되고 마음을 따뜻하게 해 주는 맛있는 음식을 만드는 데 사용되지만, 잘못 쓰면 사람을 해치고 심지어 자신까지 해치게 되는 무기가 되는 것이다. 이 책의 저자는 '말'에 대해 이렇게 정의하고 있다. "사람의 입에서 태어난 말은 입 밖으로 나오는 순간 그냥 흩어지지 않는다. 말을 내뱉은 사람의 귀와 몸으로 다시 스며든다."

한국 속담 중에서도 '가는 말이 고와야 오는 말이 곱다'라는 말이 있듯이, 한 마디든 여러 마디든 말이라는 것은 정말 중요한 것이다. 이 책을 읽고 이전의 나를 돌아보며 내가 '말'을 너무 막 사용하고, 감정에 따라 지혜롭지 못하게 사용할 때가 많았음을 알게 되었다. 그리고 그런 나에게 이 책은 말하고 있다. "지금 당장 고쳐라."

첫 번째로 내가 배워야 하는 말은 '존중의 말'이다. 버락 오바마가 대통령 임기 시절에 연설을 하고 있는데, 한 청년이 '이민자 추방을 중단하라'고 외치며 대통령 연설 분위기에 찬물을 끼얹는 일이 있었다. 경비원들의 제지에도 불구하고 그 청년은 이민자인 자신의 가족을 지키기 위해 계속 이민자 추방을 중단하라고 외치며 연설을 방해했다. 대부분의 사람이라면 그 청년을 내쫓았겠지만, 오바마는 "당신의 생각이 궁금합니다. 얘기하고자 하는 바가 무엇입니까? 말씀해 보세요."라며 그에게 기회를 주었고, 존중하는 마음으로 그의 이야기에 귀 기울였다. 이처럼 상대방의 발언권을 존중해 주는 태도가 진정한 리더의 태도이며, 이것이 곧 사람이 지켜야 할 기본임을 오바마의 말과 행동에서 알 수 있었다.

내가 말하는 유형을 보면 감정으로 인해 말이 거칠고, 상대방의 말을 경청하거나 발언권을 존중하기는커녕 내 말만 하기에 바쁜 모습이었다. 이러한 태도는 나를 진정한 리더의 길이 아닌 실패의 길로 이끌고 있음을 알게 되었다. 앞으로는 나의 이러한 말의 습관을 고쳐 다른 사람들의 품격을 존중하는 의미로 상대방의 말을 경청하고, 더 나아가 배려와 존중을 담아 품격 있는 태도로 말하는 내가 되고 싶다.

두 번째로 내가 배워야 하는 말은 '과언무환'이다. '과언무환'은 '적게 말하

209

면 근심이 없다'는 뜻으로 필요 없는 말은 하지 않는 것을 의미한다. 그 속에는 뒷담화, 과장된 말, 쓸데없는 말 등이 포함되어 있는데, 이러한 말들은 입 밖으로 나온 순간 세상에 퍼져 언젠가는 자신에게 돌아오게 될 것이다. 나는 여태까지 다른 사람의 관심이나 주목을 받기 위해, 또는 내 감정 때문에 뒷담화나 쓸데없는 말을 많이 해왔다는 것을 알게 되었다. 또 상황에 따라 거짓말을 한 적도 많았다. 하지만 이러한 습관이 나의 품격과 인성을 깎아내리고, 마음속에 근심과 두려움을 만들어 기쁨을 사라지게 만들었다는 것을 알게 되었다. '과언무환'은 지금의 나의 모습과는 반대였던 것이다. 필요한 말만 하고, 농담을 하더라도 선을 넘기지 않게 조심하며, 근심 걱정의 말보다는 감사한 말만 함으로써 정말로 기쁘고 행복하며 가치 있는 삶을 살고 싶다.

말 하나로 나의 품격이나 인성이 결정되고, 나뿐만 아니라 다른 사람에게 해가 되는지 득이 되는지를 결정할 만큼 말은 중요하고도 위험하다. 나는 만방에서 형이자 동생으로, 반 공동체의 학생이자 친구로서 여러 역할들을 맡으며 배우고 성장해가고 있다. 나쁜 말을 하는 습관을 고치고 배려심 깊고 지혜로운 사람이 되고 싶다. 그리고 우리 만방 공동체 모두가 그렇게 됨으로써 만방이라는 배가 목적지를 향해 앞으로 나아가기를 소망한다.

중국에 '从我起义'라는 말이 있다. '나부터 시작하라'는 뜻이다. 이 말처럼 앞으로는 '나부터' 말 한마디 한마디를 잘 사용하여 오바마와 같이 배려하고 다른 사람을 존중할 줄 알며, '과언무환'의 태도로 행복한 삶을 누리는 내가 되고 싶다.

말을 바꾸면 삶이 바뀐다

중남미 나무 · 멕시코 가지 | **이지영** (9학년)

최근 나의 '말'에 대해 진지하게 고민하게 되었다. 정규반에 오고 나서 어느새 비속어를 습관처럼 사용하고, 아무런 거리낌 없이 무분별하게 말을 내뱉고 있었다는 걸 깨달았기 때문이다. 많이 달라진 언어 습관을 보면서 나름대로의 노력도 했었지만 꾸준히 노력하여 완전히 고친 적은 없었다. 그러던 중 이 책을 우연히 접하게 되면서 왜 말을 바르게 해야 하는지, 뚜렷한 목적의식을 갖게 되었다.

'자신이 말한 대로 믿게 된다.' 이것은 누구나 알고 있는 사실일 것이다. 하지만 나는 정작 말의 영향력에 대해 심각하게 생각하지 않고, 내가 무엇을 말할 것인지조차 별로 주의를 기울이지 않았던 것 같다. 그냥 순간순간 생각나는 대로 툭툭 말을 내뱉고, 가끔은 내가 뱉은 말을 후회했지만 그것도 그때뿐 금방 잊고 살았다.

생각해보니 일상에서 우울하거나 외롭거나 자신감이 뚝 떨어질 때처럼 내가 느끼는 나쁜 감정들은 내가 뱉은 말과 직결되고 있었다. 강력한 힘을 가진 말이 내 삶의 환경들을 만들고 있었다는 것을 발견하게 된 것이다. 나는 여태까지 스스로를 자존감이 낮은 사람이라 생각했기 때문에, 내성적인 성향에 더 가까운 사람이라고 생각했었다. 그러나 일상에서 보여주는 내 모습은 특별히 자존감이 낮거나 내성적으로 보이지 않는다. 돌아보니, 자존감이 낮고 내성적이라는 나의 정체성은 스스로 정의해놓고 습관적으로 말한 나의 모습이었던 것이다. 이러한 습관적인 표현은 그대로 이루어져서 나의 본모습을 가리고 있었다. 원래 나는 그런 사람이 아닌데도 말이다.

이처럼 우리가 어떤 것을 마음속으로라도 조용하게 혹은 소리 내어 자주 말하다 보면, 그것이 사실이든 아니든 사실처럼 믿게 된다. 그래서 나는 앞으로 매일 하루의 끝에 잠시 시간을 내어 오늘 내가 무슨 이야기를 했는지 돌아보는 훈련을 하려고 한다. 조금 우울한 기분이 들 때마다 즉시 스스로에게 '내가 무슨 이야기를 했지?'하며 나의 말을 점검해보는 것이다.

책에서는 자신이 하는 말이 모든 문제의 원인은 아니지만 상당히 많은 문제를 일으키는 건 사실이라고 말하고 있다. 우리가 삶에서 직면하는 문제들에 대해서 해답을 찾고자 할 때 자신이 내뱉은 말을 돌아봐야 할 것이다.

우리가 삶에서 만나는 여러 상황들에 대해 어떻게 이야기하느냐에 따라 문제를 개선시킬 수도 있고 악화시킬 수도 있으니 말이다.

또 한 가지 잊지 말아야 할 것은 하나님께 기도하며 나아가야 한다는 것이다. 우리는 올바른 것을 말하도록 도와달라고 하나님께 간구해야 한다. 우리가 매일 사용하는 '말'이라는 것은 하나님의 목적을 위해 사용되어야 할 매우 중요한 도구이기 때문이다. 또한 우리는 하나님의 말씀을 신실하게 증거하는 하나님의 대변인이 되기를 갈망해야 한다.

이 책을 읽으면서 알게 된 것, 혹은 알고 있었지만 다시 상기하게 된 것들이 참 많다. 책 표지에 적힌 '언어 테러리스트에서 언어 축복자로'와 같은 문구처럼 무분별하게 아무 말이나 내뱉는 내가 아닌 '지혜로운 말로 생명을 살리고 행복을 전하는' 내가 되고 싶다. 누구든지 이 책을 한 번쯤은 읽어보며 자신에게 주어진 '말'이라는 도구를 어떻게 사용해야 할지 돌아보면 좋겠다. 특히 나처럼 '이렇게 말하며 사는 게 맞는 건가' 하는 사람들에게 이 책을 추천하고 싶다!

뉴욕 뒷골목
수프가게

아프리카 나무 · 케냐 가지 | **이낙희** (8학년)

이 책은 단순한 소설 같은 이야기가 아니라 많은 교훈을 담고 있는 책이다. 수프를 만드는 회사의 CEO인 낸시는 회사의 위기를 극복하는 방안을 찾다가 그녀의 비서 브랜다와 함께 유명하다고 소문난 수프가게를 찾아 가게 되고, 마침내 그 수프를 만드는 비결을 찾아서 무너져가던 회사를 다시 일으켜 살리게 된다. 그 비법은 어떤 재료나 요리 방법이 아닌 '수프를 만드는 사람들'에 있었다. 음식 맛에 그 사람의 성격이 다

드러난다는 '냄비 젓기 현상'에 그 비법이 있었던 것이다. 두 사람은 그렇게 회사의 경영 방법을 하나둘씩 알아가게 된다.

처음 이 책을 읽었을 때는 나와 직접적인 관련이 없는 회사 경영 이야기라고 생각했는데, 읽다 보니 이 모든 원리들은 내가 생활하며 함께하는 공동체 모두에게 영향을 미치게 될 중요한 것이라는 생각이 들었다.

첫 번째로 내가 배운 것은 '열정'이다. 무슨 일이든지 자신의 의지와 열정이 가장 중요한 법이다. 그 한 사람의 열정이 공동체에 영향을 미쳐 열정적인 분위기를 만들게 될 수도 있고, 공동체의 비전을 위해 함께 희망으로 나아갈 수 있기 때문이다. 나는 먼저 누군가에게 전파시키려 하기보다는 나 먼저 더욱 열정적인 사람이 되도록 노력하고 싶다. 책에서도 이렇게 말한다. "수프에 들어갈 재료 중에 가장 중요한 것은 그 수프를 젓는 사람이다. 최선을 다해 사랑을 담아 그 수프를 저어라." 음식을 만드는 사람이 열정과 사랑을 담을 때 그것이 음식을 통해 전달되는 것이다.

이처럼 공동체에서 발생하는 문제를 다른 사람의 책임이라고 말하면서 회피하기보다는, 내가 좀 더 열정을 가지고 최선을 다해 공동체에 관심을 쏟고 문제를 해결하려는 노력이 필요한 것 같다. 그렇게 되면 서로가 서로의 열정을 지켜보며 그 에너지가 전파되어 열정적인 공동체를 만들 수 있지 않을까.

두 번째로 내가 배운 것은 '관계'이다. 나만 열정적이라고 해서 아무런 노력 없이 타인을 변화시킬 수는 없다. 먼저 그들에게 신뢰를 쌓아야 하는데, 신뢰는 친밀함의 표시이기도 하다. 함께 소통하고 신뢰를 쌓으면서 그 힘으로 성공을 맛보는 게 정말 중요한 것 같다. 이 책에서는 '참여하는 관계'에 대해 말하고 있는데, 공동체 생활에서 한 명이 모든 일을 주도해나간다면 다른 사람들이 열정을 빼앗길 뿐만 아니라 소외감을 느끼게 되어 서로의 관계가 가까워질 수 없을 것이다. 따라서 어느 곳에서나 누구와 함께하든지, 그 관계 속에서 신뢰를 쌓아가며 어떤 일에나 함께 참여하는 관계를 만들려고 노력해야 한다.

이 책을 통해 공동체 속에서의 나의 역할과 마음가짐에 대해 생각해 볼 수 있었다. 또한 내가 무엇을 해야 하는지 알 수 있어서 감사하다. 마지막으로 이 구절을 기억하며 이 책을 통해 배운 것을 정리하고 싶다.

"수프에 들어갈 재료 중에 가장 중요한 것은 그 수프를 젓는 사람이다. 최선을 다해 사랑을 담아 그 수프를 저어라."

일곱 번째 숲
섬김, 사랑

지혜의 숲에서 만난 아이들

울고 있는 사람과 함께
울 수 있어서 행복하다

아프리카 나무 · 탄자니아 가지 | **안제민** (8학년)

이 책은 저자가 하나님을 믿으면서 일어난 일들을 글로 정리한 책으로, 재밌기도 하지만 한편으로는 정말 많은 생각들을 하게 만든다. 또 내가 앞으로 어떤 신앙생활을 해야 하는지에 대해 도움을 준 책이기도 하다.

이 책을 읽으면서 가장 깊이 생각해 본 것은 '섬김'에 관한 것이었다. 많은 사람들이 섬김을 어려워하는데, 특히 나는 더욱더 그러했다. 마치 일상 속에서는 절대 할 수 없고 꼭 날을 잡아서 해야 되는 것처럼 말이다. 그래서 인지 내 삶 속에서 섬김의 모습을 찾아보기란 힘들었고 어느새 나는 일만 하느라 바쁜, 이기적인 사람이 되어가고 있었다. 그런데 이 책의 저자는 일상의 삶 속에서 섬김을 실천하며 일반 사람들은 상상하기도 힘든 섬김의 모습을 보여주고 있다.

저자인 유정옥씨는 두 명의 고아를 입양하였고, 한 명의 영혼을 살리기 위해 한 달 동안이나 그 집에 들어가 식모살이를 하기도 했다. 자신보다는 남을 위해 살았던 저자의 삶을 보면서, 정말 많은 도전을 받았다. 그래서 나는 작은 일에서부터 섬기기 시작했다. 공공실에서 신발장에 안 올려진 슬리퍼가 있으면 항상 슬리퍼를 올려놓았다. 겉으로 보기에는 아무런 변화가 없어 보이지만 이런 작은 일 하나하나가 섬김의 연습이 될 수 있으면 좋겠다.

또한 나는 이 책을 통해 '사명'에 대해서도 생각해 볼 수 있었다. 저자는 한 교회의 사모로서, 글을 쓰는 작가로서 하나님의 소식을 전하고 있었다. 각 사람에게 주어진 사명은 모두 다르지만 목적은 항상 일치하는데, 그것은 바로 주님의 기쁜 소식인 복음을 많은 사람들에게 전하는 일이다. 저자의 글을 통해서 지금도 많은 사람들이 주님을 만나고 진정한 그리스도인으로 거듭나고 있다.

하나님은 나에게도 복음을 전하는 방법과 사명을 예비하고 계신다고 믿는다. 사명은 곧 삶의 목적이기 때문에, 나도 내 삶의 목적을 세상에 두는 것이 아니라 주님께 두고 싶다. 내가 어떤 직업을 가지고 있고, 어떤 상황에 처해 있던지 상관없이 말이다.

마지막으로 나는 '새것을 얻으려면 옛것은 완전히 부서져야 한다'는 사실에 대해서 생각해 보았다. 누구나 좋은 습관을 가지고 주님을 잘 믿으면서 살고 싶어 하지만 막상 행동으로는 실천하지 않는다. 우리는 주님보다 소중하게 여기는 것들을 버리고 주님만 의지하면서 나아가야 한다. 그래서 하나님은 가끔 우리가 소중하게 여기는 것들을 우리로부터 가져가실 때가 있는데, 그러할 때 우리는 더욱 순종하며 주님을 찾아야 한다. 이것이 우리의 마땅한 태도일 것이다.

이 책을 통해서 정말 많은 것들을 배울 수 있었다. 그리고 더 나아가서 내가 하나님께서 보시기에 좋은 사람, 복음을 전하는 사람, 다른 사람을 위해 살아가는 사람이 되기를 소망해본다.

고맙다

아프리카 나무 · 부르키나파소 가지 | **오혜연** (8학년)

누구나 한 번쯤은 들어봤을 '컴패션'은 1952년 한국 전쟁 당시 거리를 떠돌던 한국의 어린이들을 돕기 위해 시작되었다. 이후 10만 명이 넘는 한국의 어린이들을 '일대일 양육'으로 돕다가, 1993년 한국의 경제 성장을 축하하면서 철수했었다. 컴패션에서 하는 일대일 어린이 양육은 환경을 바꿔 주거나 먹을 것과 입을 것만 주는 것이 아닌, 부모가 자녀를 키우듯 먹이고 입히고 학교에 보내고 건강을 챙겨주며 사랑으로 양육하는 것을 의미한다. 우리 학교도 각 가지마다 후원하는 어린이들이 있는데, 직접 만나지는 못하지만 지금 우리가 할 수 있는 방식으로 사랑을 전하고 있다.

이 책은 한국 컴패션의 대표 서정인씨가 쓴 책으로, 여러 곳을 돌아다니며 아이들을 만나고 하나님을 경험하는 일대일 양육의 다양한 사례들을 담고 있다. 이 책을 통해 나는 하나님께서 아이들을 얼마나 사랑하시는지 알 수 있었다.

내가 이 책을 읽으면서 배운 첫 번째는 '사랑'이었다. 한 아이를 후원하게 되면 그 아이가 대학을 졸업할 때까지 길게는 15년 동안 후원을 하게 되는데, 편지를 주고받을 때마다 사랑을 담아 써줌으로써 후원자와 후원받는 아이가 서로를 위해 기도해 주며 사랑을 배워갈 수 있다. 비록 피 한 방울 나누지 않은 아이들이지만 그들을 후원하며 하나님의 사랑을 알아갈 수 있을 것 같다.

두 번째로 배운 것은 '마음'이었다. 한 후원자는 자신이 원하던 대로 수의사가 되었고, 아름다운 아내와 두 아이들과 함께 단란한 가정을 이루었다. 그러나 갑자기 정체 모를 편두통으로 병세가 심해져 응급실에 실려 가게 되었는데, 그는 응급실에 누워서 '내가 왜 여기서 이러고 있나' 싶었다고 한다. 그때 션, 정혜영 부부가 쓴 책을 보고 컴패션을 알게 되어 제이슨이라는 아이를 후원하기 시작했지만, 기쁨을 느끼기보다는 기부라는 형식적인 마음이 더 컸다고 한다. 어린 제이슨을 대신해서 선생님께서 쓰신 편지가 다소 상투적으로 느껴졌기 때문이다. 그러나 자신이 아팠던 시기에 우연히 제이슨으로부터 받은 편지에서 '당신을 위해 기도한다'고 쓰여 있는 것을 발견하고는 그 편지를 통해 누군가를 위해 기도한다는 것이 얼마나 소중한 마음인지 느낄 수 있었다고 한다. 그때부터 그는 어린이들을 위해 열심히 활동하면서 자신이 받은 마음을 전하고 싶어 아이들을 위해 헌신했다. 만약 그에게 그러한 마음이 없었다면, 전처럼 '내가 왜 여기서 이러고 있는지' 모르고 방황했을 것이다.

사랑과 마음은 늘 함께 다닌다. 고로 마음이 있으면 사랑이 생긴다. 하나님께서 우리에게 조건 없이 사랑을 베푸신 것처럼 나도 누군가에게 내가 받은 사랑을 흘려보내고 싶다. 우리나라가 전쟁으로 힘들었을 때 '컴패션'과 같은 단체들이 어려운 아이들을 도와준 것처럼, 이제 경제적으로 많은 성장을 이룬 우리나라도 다른 나라 사람들의 어려움을 돌보며 받은 사랑을 흘려보내면 좋겠다.

나의 꿈은 국제 인권 변호사이다. 나를 통해 내 주변 사람들부터 시작하여 여러 다른 사람들에게 사랑을 흘려보내고 싶다. 그러기 위해 내게 가장 필요한 것은 사랑과 마음일 것이다. 마음이 없으면 변호사라는 직업적인 일만 하게 될 것이기 때문이다. 지금부터 연습하면 되지 않을까. 내가 사랑으로 그 사람을 감싸주고 응원하는 마음으로 변호한다면 그 사람은 힘을 얻을 수 있을 것이다. 꼭 그 마음을 나누고 싶다. 사랑과 마음으로 사람들을 품고 조건 없이 나누는, 그런 하나님의 사랑을 품은 내가 되고 싶다.

스물다섯 미친 나눔으로
세상을 바꾸다

아시아 나무 · 중앙아시아 가지 | **정혜란** (10학년)

나를 변화시킨 책 리스트에 이 책이 포함될 것 같다. 이 책은 읽기 편하고 재미있는 책이지만, '나눔'에 대한 나의 생각을 완전히 바꿔 놓았다. 저자의 인생을 짧게 요약하자면, 그는 축구 선수란 명확한 꿈이 있었지만 부상으로 인해 꿈을 접을 수밖에 없었는데 그 순간 하나님께서 그를 만나 주신다. 그렇게 운동밖에 모르던 한 학생이 맨몸으로 세상에 부딪혀 전교 1등을 하고, 신학대학교 시절에는 총학생 회장을 거쳐 지금은 '나눔 전도사'라고 불리고 있다.

책을 읽으면서 우리 사회에 도움이 필요한 많은 사람들을 떠올려 볼 수 있었다. 외로운 독거노인들, 고달픈 노숙인들, 길 잃은 소년원 아이들, 꿈이 없이 개인주의가 되어 가는 청소년들, 그리고 사회에서 버려진 이들. 이처럼 우리가 사는 세상에는 도움이 필요한 사람들이 너무나 많지만, 우리는 아직도 잃을 게 더 많을까 봐 선뜻 도와주지 못하고 '누군가 하겠지'란 생각을 한다. 마치 길거리에 버려진 쓰레기를 아무도 줍지 않는 것처럼 말이다. '누군가는 치우겠지', '정부에서 관리를 제대로 안 해서'란 변명만 늘어놓고 아무것도 하지 않으면서 세상이 깨끗하고 아름답게 변하기를 바라는 것은 모순이 아닐까.

그러나 저자는 이 잔잔한 물가에 '나눔'이란 돌멩이를 던져 요동침을 시작한다. 나에게 사과가 두 개 있어서 하나를 나누는 그 단계를 넘어서, 사과가 반쪽밖에 없지만 그것을 내어 주는 나눔 말이다. 솔직히 말해서 이건 정말 어려운 일이다. 누군가를 돕기 위해서는 남들의 시선, 예상되는 상대방의 반응들에 대한 두려움을 뛰어넘어야 하기 때문이다. 저자는 그래도 시작해 보라고 도전한다. 겨울에 추워 보이는 할머니께 따뜻한 손난로 챙겨 드리기, 노숙하고 계신 분께 다가가 말 걸어보기, 외로워 보이는 친구에게 다가가 밥 한 끼 같이 먹기 등. 그러나 여기서 중요한 것은 동정심으로 다가가는 것이 아니라, 사람 대 사람으로 다가가야 한다는 것이다. 저자는 책에서 '독거노인도 누군가의 할머니, 누군가의 어머니였을 텐데', '노숙인도 누군가의 아들, 누군가의 아버지였을 텐데'라는 말들을 자주 한다.

또한 저자는 주는 것으로 끝나지 않고 그 사람들의 이야기에 귀를 기울였다. 그의 모습을 보며 이런 명언이 떠올랐다. "우리가 사랑하지 않게 될 사람은 없다. 그저 그 사람의 이야기를 들어보면 된다."

이 책을 읽고 많은 도전을 받았다. 앞으로는 받기 위해 살기보다는 주기 위해 사는 삶을 살아보고 싶다. 나눔에서도 하나님은 삼위일체로 일하신다고 하셨다. 성령님께서 감동을 주셔서 하나님의 은혜로 행하고, 그 순간 하나님의 사랑이 임하시는 것이다. 나도 그런 삶을 누리며 살고 싶어졌다.

마지막으로 책에서 저자가 노숙인 분들을 섬기고 밤늦게 집에 돌아와 쓴 글을 소개하고 싶다. 이 글에는 저자의 삶의 철학이 다 담겨있는 듯하기 때문이다.

"아…, 피곤하다. 아니, 죽을 것 같다. 그래도 이 시간, 하는 데까지 즐겨보련다. 한 사람이라도 더 살려낼 수 있다면, 한 명만이라도 건져낼 수 있다면 물에 뛰어들어야겠죠. 하나님, 감사합니다. 전부!"

세상에서 가장 진한
닭고기 수프

중국 나무 · 상하이 가지 | **임지선** (7학년)

세상에서
가장 진한
닭고기
수프

이 책은 총 다섯 종류의 수프를 소개하고 있는데 그중에서
가장 마음에 깊이 남는 세 종류의 수프를 소개하고 싶다.

첫 번째 수프는 '따뜻한 사랑 수프'이다. 책에서 '사랑은 사람마다 방식이
다르다'라는 구절이 제일 마음에 와닿았는데, 이 부분을 읽으면서 어떤 사람
에게는 들어주는 것이 사랑이고 또 어떤 사람에게는 무언가를 주는 것이 사
랑이라는 것을 이해하게 되었다. 이처럼 사랑은 쉬우면서도 어려운 것 같다.

지혜의 숲에서 만난 아이들

그중 표현의 차이를 존중해 주는 것은 더욱 더 어려운 일인데, 이를 잘 표현해 주는 것이 토끼와 호랑이 이야기이다. 토끼와 호랑이가 서로 좋아해서 토끼는 호랑이에게 매일 풀을 주고 호랑이는 토끼에게 매일 고기를 주었는데, 처음에는 좋아하는 마음에 참았지만 결국 사랑의 방식이 너무 달라 헤어지게 되었다는 내용이다. 이 이야기를 보며 우리는 서로의 방식을 존중해 주고 이해해야 하지만, 자신에게 너무 벅차고 싫다는 감정을 느낀다면 상대방에게 표현해야 한다는 생각도 들었다. 방식이 다른 것은 이해해야 하지만 잘못된 것은 바로잡아 주는 것도 사랑의 한 부분이라고 생각하기 때문이다. 그래서 사랑은 쉬우면서도 어렵다고 하나보다. 결국 완벽한 사랑 수프는 하나님께서 주시는 수프인 것 같다.

두 번째 수프는 '울끈불끈 용기 수프'이다. 살다보면 용기가 나지 않는 순간이 많은데, 특히 옳지 않은 일을 할 때나 고난이 닥쳐왔을 때 두려움을 마주할 용기가 부족하다. 이 책에서는 무지개가 두려움을 극복해야 볼 수 있는 아름다운 것이라고 표현하고 있다. 하나님께서는 행복이 고난이란 포장지로 감싸져 내려온다고 하셨다. 내가 고난이라고 생각되는 어려움을 만날 때마다, 하나님께 나의 연약함을 온전히 보여드리는 용기를 내보려 한다. 그래서 두려움 뒤에 무엇이 있는지를 경험해보고 싶다.

마지막 수프는 '용서 수프'이다. 나는 사람을 용서하는 게 참 힘들다. 누군가 내게 잘못을 해서 사과를 하면, '과연 저게 진심일까' 하는 생각부터 들기 때문이다. 그런데 상대방이 나에게 잘못해서 화가 날 때도 있지만 나 자신에게 화가 난 경우도 많다.

이 책에 나오는 에리카라는 소녀의 엄마는 딸을 해친 범인에게 분노했지만, 사실은 자신이 딸을 지키지 못했다는 죄책감 때문에 더 괴로워하였다. 하지만 주변을 돌아보며 더 불행한 일을 겪으면서도 씩씩하게 살아가는 사람들이 많다는 것을 알게 되었고, 그 가운데서 자신의 가정이 받은 축복들을 깨달으면서 비로소 용서할 수 있는 마음이 생기게 된다. 용서는 마음에 바르는 연고라고 한다. 나에게도 용서가 내 마음에 바르는 연고가 되기를 바란다.

이 수프 책을 읽으면서 마음이 매우 따뜻해졌다. 이 한 권의 책이 내 마음을 따뜻하게 만들며 나를 섬겨 준 것처럼, 나도 사랑과 용기와 용서로 사람들의 마음을 따뜻하게 해 주고 싶다.

나무를 심은
사람

아프리카 나무 · 케냐 가지 | **전하은** (8학년)

이 책은 쉬운 고전 책을 추천해달라던 내게, 가지 선생님께
서 골라주신 책이다. 책 제목은 익숙하고 많이 들어봤는데
이번 기회로 처음 읽게 되었다. 이 책은 주인공인 엘제아르 부피에가 혼자
서 아무것도 없는 황무지 마을에 꾸준히 나무를 심고 가꿔 한 마을과 그 마
을 사람들을 변화시키는 이야기로, 여러 사람들에게 용기와 힘을 주는 내용
을 담고 있다.

연약하고 작은 사람 '한 명'이 온몸을 바쳐 헌신했더니 주변 환경이 바뀌고 사람들이 변화한 것이다. '나 하나쯤이야'라고 생각하며 환경을 망치고 규칙을 어기는 사람들에게 큰 도움이 되는 책이다. 우리는 너무나 쉽게 '나 하나쯤이야'라는 생각을 하지만, 이 책의 주인공을 보며 그 '한 명'에게는 사람들을 변화시키고 세상을 더 아름다운 곳으로 만들 힘을 가지고 있다는 것을 알게 되었다.

엘제아르 부피에가 더 대단하게 느껴지는 이유는 그가 이러한 헌신을 하면서도 그것에 대해 아무런 대가를 바라지 않았다는 점이다. 나무를 심는다고 해서 누가 인정해 주거나 본인에게 이득 될 것이 하나 없는데도 내가 아닌 우리, 다른 사람을 위해 아무것도 바라지 않고 자신의 뜻을 펼쳐나간 것이다. 한평생 나무를 심으며 반복적이고 고독한 생활을 할 사람이 몇 명이나 되겠는가. 게다가 아무런 대가도 없이 말이다. 엘제아르 부피에는 아무런 대가를 바라지 않고 그 땅에 희망을 품으며 행동했고, 그 결과 그 땅은 희망의 땅으로 바뀌었을 뿐만 아니라 많은 열매들을 맺을 수 있었다. 정말 많은 것들이 변화한 것이다.

무언가를 변화시킨다는 것은 정말 어려운 일이다. 오랫동안 지켜오던 것이 어떤 이유로 변화했다는 건 정말 대단한 일이며 기적이라 불리기도 한다. 물론 이 마을도 한순간에 변화한 것은 아니다. 한 사람이 꾸준하게 노력한 결과이며, 자신을 내어 주고 맺은 열매인 것이다.

매일 감사일기를 쓰고 Q.T를 하는 것이 어려운 것처럼, 무엇이든 꾸준하게 열심히 하는 건 쉽지 않은 일이다. 그런데 엘제아르 부피에는 쉰두 살부터 죽을 때까지 날마다 쉬지 않고 일을 하러 갔다. 그의 희생이 많은 나무들

지혜의 숲에서 만난 아이들

을 살리고 희망을 주었던 것처럼 하나님께서 우리에게 세우신 계획도 이와 같지 않을까 싶다. 내 몸이 썩어지고 희생하여 많은 영혼들을 살리고, 희망 없던 땅과 희망이 없다고 믿던 사람들에게 희망과 사랑을 흘려보내는 것이 모든 그리스도인들에게 주어진 사명이 아닐까.

메마른 땅에 생명을 심은 엘제아르 부피에처럼 메마른 땅에 생명의 이름 곧, 예수 그리스도의 이름을 널리 알리는 내가 되고 싶다.

마태복음 7장

아시아 나무·중앙아시아 가지 | **박시온** (10학년)

황금률이란 '내가 대접받고 싶은 만큼 다른 사람을 대접하라'는 법칙이다. 사실 전부터 알고 있던 말이지만, 성경에 나온 것인지는 몰랐다. 그런데 이번에 마태복음을 읽다가 7장 12절에 이 말씀이 나온 것을 보고 예수님의 말씀인 황금률을 한 번 실천해 보려고 한다.

나는 부족한 사람이라 도움을 줄 수 있는 일보다 도움을 받을 일이 더 많았다. 또 그다지 너그러운 성격이 아니라서 다른 사람들에게 잘 대해주지 못하고 생각 없이 말하는 경우도 많았다. 그러나 마태복음을 읽고 나서, 도울 수 있는 것은 돕고 전보다 말을 줄이며 행동으로 실천해야겠다는 생각이 들었다. 그런데 막상 실천으로 옮겨보니 진짜 어려운 일이었다. 사실 내가 황금률로 행동하면 나에게도 돌아오는 것이 있을 줄 알았는데 현실에서는 아니었다. 오히려 내가 손해 보는 것 같고 바보짓 같아 그만 하고 싶었다. 하지만 지금 내 기분이 꼭 만방에서 가르쳐 주는 '손해 보자!'를 실천했을 때의 기분과 비슷한 것 같기도 하고, 예수님이 이런 말을 하신 것에는 이유가 있을 거라는 생각에 조금만 더 노력해 보기로 하였다.

이렇게 마음을 먹으니 점점 내가 손해 본다는 생각이 없어지기 시작했다. 전에는 청소를 하면 누가 알아봐 주길 바라고 내가 한 번 섬기면 '내가 섬기었소'라며 은근히 생색을 냈다. 그러나 황금률을 계속 실천하다 보니 그냥 깨끗해지는 방이 좋고, 조금 있다가 올 방 사람들이 깨끗해진 방을 쓰고 청소를 안 해도 되는 것이 좋아서 행동하게 되었다.

그리고 또 하나 알게 된 것은 그동안 내가 몰랐을 뿐 내 주위에 황금률을 실천하는 사람들이 꽤 많았다는 것이다. 처음에는 '왜 내가 행동한 대로 돌려받지 못할까?'라는 의문이 있었는데, 둘러보니 이미 내 옆에는 보이지 않는 수많은 섬김이들이 있었다. 야식 정리를 하는 사람부터 놀다 오면 깨끗해져 있는 방이며, 내가 아무리 귀찮게 문제를 물어봐도 친절히 알려 주며 격려해 주는 친구까지. 내가 가는 곳마다 누군가가 섬기고 있었고 그로 인해 내가 이렇게 편하게 생활할 수 있었다는 것을 알게 되었다.

이걸 알고 나니 그 사람들에게 정말 고마웠고 여태껏 내가 그 사람들의 섬김을 보지 못하고 도와주지 못한 것이 미안했다. 이제라도 그들의 존재를 알게 되어 감사하다. 나는 비록 서툴고 다른 사람들보다 더 열심히, 더 많이 행동하지도 않았지만 이제부터라도 더욱 더 황금률을 실천해나갈 것이다.

가시고기

아시아 나무 · 동남아시아 가지 | **서동학** (10학년)

 '아버지'란 단어를 들으면 사랑, 그 형용할 수 없는 사랑에 만족함을 느낀다. 그러나 나는 요즘 부모님, 하나님과 그리 가깝게 지내지 못하고 있다. 그렇게 어려움에 부딪히고 나서야 이 책을 찾게되었다. 처음에 읽을 때는 아무렇지 않았는데, 책을 다 읽고 나서 30분 정도 울었던 것 같다. 나의 불순종한 모습과 불효했던 모습이 떠올랐기 때문이다.

책 내용은 사실 단순하다. 하지만 아들을 위한 아버지의 헌신, 결국 각막까지 팔고 자신을 희생한 아버지를 보며 정말 많은 감동을 받았다. 그러면서 세 명의 아버지가 생각났다.

첫 번째는 나의 진짜 아버지, 한국에 계신 부모님이다. 지금 와서 생각해 보면 내가 바라고 해달라는 모든 것을 해 주시며, 지금도 나를 위해 살고 계시는 부모님께 너무나 감사하다. 하지만 나는 계속 실수를 저지르고 속만 썩이는 것 같아서 많이 죄송하다. 그래서 꼭 효도하겠다고 다짐했다. 받은 것을 다 돌려드리기에 한없이 부족하지만 갚을 수 있을 때까지 건강하시기만을 바라며 효도하고 싶다.

두 번째는 미래의 아버지가 될 '나'이다. 아버지가 되면 나도 우리 부모님이 그러하셨던 것처럼 내 자식을 사랑해야 할 텐데, 이 책을 읽으면서 이런 아버지가 되고 싶다는 생각이 들었다. 지금은 내 인생만을 바라보며 나만 잘 되려고 살지만, 어른이 되어 자녀들이 생기면 그들에게 헌신하고 싶다. 그런 마음으로 먼저 지금 내가 섬기고 있는 312호에서 함께 지내는 우리 동생들을 잘 섬기기로 다짐했다. 누군가 방장은 아버지라고 말했는데, 그 말처럼 그들을 더 안아 주고 더 많이 나눠 주며 사랑해 주고 싶다.

마지막으로 나의 영적 아버지, '하나님'이다. 최근에 하나님과의 관계에 소홀했고, 여러 가지 힘든 일들이 있었다. 여전히 매일매일 힘들지만, 하나님 덕분에 행복을 느낀다. 우울할 때는 위로하시고, 잘 안 풀릴 때는 다른 길을 제시해 주시는 그분으로 인해 더욱 더 잘 살아가는 것 같다. 무엇보다 나를 위해, 우리를 위해 하나밖에 없는 아들을 보내신 그 사랑에 감사하다.

이 책을 읽으면서 많은 것을 느낄 수 있었다. 아직도 가시고기만 생각하면 마음 한편이 짠하게 느껴진다. 앞으로 내 삶 속에서 헌신적으로 더 많이 나누고 사랑하는, 아들이자 형이 되고 싶다.

지혜의 숲에서 만난 아이들

고맙다

중국 나무·베이징 가지 | **전하은** (7학년)

친구의 추천으로 이 책을 읽게 되었는데, 읽고 나니 얻은 것도 너무 많고 나의 여러 마음들이 하나님의 마음으로 바뀌게 되어 감사했다. 이 책을 읽으면서 인상 깊었던 구절이나 좋은 이야기에 표시를 해두었는데 감상문을 쓰기 전 표시해 둔 곳을 다시 읽고 또 읽으면서, 가장 글의 내용처럼 변화되고 싶다고 생각하게 한 세 가지 이야기를 골라보았다.

첫 번째는 한 아빠의 이야기이다. 그는 지금은 주일학교 선생님이지만 이전에는 마약을 팔고 조직폭력배에 속해 있다가 감옥에 있었다. 그 당시 아내는 집을 떠나려고 했지만 그의 딸이 "우리가 떠나면 예수님이 아빠를 사랑하신다는 것을 누가 알려 주나요? 예수님이 아빠도 사랑하신다는 것을 말이에요."라고 말해, 아내는 차마 그를 떠나지 못하고 딸과 함께 그를 기다리게 된다. 그리고 결국 이 사랑으로 인해 그 가정은 완전히 변하게 된다. 그는 마지막에 이런 말을 했다. "이제야 알게 되었습니다. 저 같은 죄인도 사랑받을 자격이 있고, 언제나 사랑받는 하나님의 아들임을 말입니다."

나 역시 죄인이다. 내가 보는 나는 한없이 작은 사람이지만, 나도 사랑받을 자격이 있고 사랑받는 하나님의 자녀임을 안다. 하나님께 나 한 사람의 가치는 절대적이다. 이토록 나를 사랑해 주시며, 죄인인 나도 용서받은 사람임을 알게 하신 하나님께 감사하다.

두 번째는 루게릭병에 걸린 한 목사님이 하신 고백이다. "내가 죽고 수많은 사람들이 산다면, 저는 열 번이라도 더 죽을 수 있습니다." 이 분은 정말 한 알의 밀알처럼 사신 것 같다. 나도 과연 저런 고백을 할 수 있을까 생각해 봤지만 지금의 나로서는 못할 것 같다. 아직 하나님의 사랑을 더 알아가야 하나보다. 죽으면 많은 열매를 맺는 밀알처럼 내가 죽고 다른 이들이 사는 삶을 살기 위해 한 생명 한 사람을 사랑하고 품을 수 있는 내가 되길 소망한다.

세 번째는 나눔은 주는 사람이 더 행복한 것이라고 말하며 모든 것을 내어 주는 사람에 관한 이야기이다. 그는 무언가를 베풀 때, 받는 이의 감사나 어떤 반응도 상관없다고 말한다. 이 부분에서 뜨끔했다. 이러한 나눔은 한

지혜의 숲에서 만난 아이들

사람 한 사람이 존귀하다는 것을 알고 그들을 사랑하기 때문에 할 수 있는 것이다. 그러나 나는 손해를 보며 배려하다가도, 돌아오는 대가가 없으면 실망한 채 다시 예전으로 돌아갔던 적이 많았다.

하지만 하나님의 사랑은 그렇지 않다. 주고 또 주고 또 퍼준다. 나는 이제까지 다른 사람이 행복하길 바라는 마음으로 나누었다. 그것도 틀린 것은 아니지만, 나눈 후에 내가 더 행복하고 더 큰 축복이라고 생각한 적은 없었던 것 같다. 원수는 물론이고 모든 사람들과 친구들을 사랑할 수 있게 해달라고 하나님께 구해야겠다. 이 책에 나온 많은 사람들처럼 그리고 예수님처럼, 사랑을 베풀며 하나님 나라에 집을 짓는 내가 되길 소망한다.

마더 데레사의
단순한 길

중남미 나무·페루 가지 | **전예성** (9학년)

JD 숙제로 위인전을 읽도록 한 나무 과제를 보고 어느 위인을 정할지 고민하다가, 추천 도서 밑에 '마더 데레사'라는 이름을 보고 지난 학기에 가지 선생님께서 우리에게 나눠 주신 프린트가 생각났다. 그 프린트의 글에는 마더 데레사가 무슨 일을 했는지에 대해 간단히 소개되어 있었는데, 그 글을 읽으면서 마더 데레사가 어떤 마음으로 이렇게 대단한 일들을 많이 할 수 있었는지 궁금했었다. 그때의 궁금증과 섬김에 대한 관심 때문에 이 책을 고르게 되었다. 마더 데레사의 말 중에 가장 인상이 깊었던 두 가지를 나누려고 한다.

첫째, "하나님께서 당신을 얼마나 사랑하시는지 안다면 당신은 그저 그 사랑을 발산하면서 살 수밖에 없습니다."

우리는 항상 "이웃을 사랑하라, 작은 사랑의 행동부터 실천하라!"는 말을 듣지만 나 자신보다 남을 더 사랑하는 것이 매우 힘들다는 것을 알게 된다. 나도 여러 번 실패했다. 사랑을 실천하려고 노력만 하고 마음의 중심을 못 잡으면 실천하는 것이 더욱 더 힘들어졌다. 그런데 이 구절을 읽고 마음의 중심과 기준을 다시 잡을 수 있었다. 바로 우리가 이웃을 사랑해야 하는 이유는 하나님께서 우리를 사랑하시고, 우리는 항상 주님의 사랑을 받고 있기 때문이라는 것이다. 주님의 끝없는 사랑, 조건 없는 사랑을 기억한다면 나는 주님의 사랑을 발산할 수밖에 없을 것이다. 따라서 이 사랑으로 다른 사람에게 사랑을 베푸는 우리가 되었으면 좋겠다.

둘째, "자신의 상처받기 쉬움보다 타인의 상처받기 쉬움에 더 관심을 기울일 때, 그때 나는 덜 상처받게 됩니다."

사람은 어쩔 수 없이 모든 상황을 자신의 입장에서 생각하고, 자신의 손해를 먼저 생각하게 된다. 하지만 상황을 자기중심적으로 받아들이고 바로 행동으로 옮기는 사람과, 상황을 자신의 입장에서 받아들이더라도 침착하게 상대방의 입장을 먼저 생각해보는 사람의 차이는 엄청나게 크다.

나도 지금까지 안 좋은 상황을 맞이했을 때는 '쟤는 나한테 상처 줬다는 것을 모르나?'라는 생각은 했어도, 스스로에게 '너는 저 친구에게 상처 줬다는 것을 아니?'라고 물어본 적은 없었다. 내가 상처를 받은 상황 속에서 나도 상대방에게 똑같은 상처를 줬다는 것은 인정하기 어렵지만 꼭 해야만 하는 것이다. 이 책을 읽으면서 상대방을 이해해야 한다는 것과 그것을 어떻게 실천할 수 있는지 그 방법에 대해 알게 되어 감사하다.

마더 데레사는 "사랑은 줄수록 더 많은 것을 얻습니다"라고 말했다. 이 구절은 내가 힘들고, 왜 희생해야 하는지 그 중심을 잃을 때마다 기억해야 할 말이다. 이 책을 통해 주님의 자녀로서의 삶에 대해 깊게 생각해 볼 수 있어서 감사하다.

가장 낮은 데서
피는 꽃

아시아 나무 · 동남아시아 가지 | **오우빈** (10학년)

필리핀 톤도는 99% 이상이 극빈층인 세계 3대 빈민도시 중 하나이다. 살아가려는 의지보다 죽고 싶다고 체념하게 만드는 동네, 인간으로서 당연히 누려야 할 것들이 박탈된 동네, 끔찍한 사건이 일어나도 뉴스에 나오지 않는 동네가 바로 톤도이다. 그런데 꿈과 희망조차 없을 것 같은 이곳에서 믿을 수 없는 기적 같은 변화가 일어나고 있다.

그 시작은 한국인 김숙향 교사가 설립한 톤도 교육센터에서부터 시작되었다. 그 변화의 물결은 톤도 교육센터의 교사와 아이들과 학부모들뿐만 아니라 톤도 주민들에게도 선한 영향력을 미치고 있다.

톤도 교육센터 아이들은 다시 태어나도 톤도에서 살고 싶다고 말할 정도로 톤도를 사랑한다. 아이들이 가난에 굴하지 않고 밝고 순수하게 자랄 수 있는 것은 바로 톤도 교육센터 교육의 힘 때문이다.

이 센터에서는 특이하게도 한국에서는 상상할 수도 없는 꿈 교육을 한다. 센터에서 꿈은 무엇보다 중요한 과목인데, 여기 아이들은 자신을 위한 꿈이 아니라 다른 사람을 행복하게 해 주고 싶은 꿈을 품는다. 꿈의 철학을 계속 전파하면 아이들은 삶의 목적이 돈이 아니라는 것을 깨닫고, 잘못 설정된 삶의 목적을 완전히 바꾼다. 삶의 목적이 분명하게 생길 때, 돈보다 더 위대한 가치가 있는 꿈이 생기기 때문이다.

이렇게 아이들이 위대한 가치가 있는 꿈을 품을 수 있는 이유는 바로 톤도 교육센터 교사들의 헌신 때문이다. 그들은 돈을 위해 일하지 않고 돈보다 위대한 가치, 오직 진정한 교육을 위해서만 일한다. 때문에 그들 삶의 모든 초점은 돈이 아닌, 아이들에게 맞춰져 있다. 이는 사랑할 수 없는 사람을 사랑하는 것이 진정한 교육이라는 사실을 온몸과 마음, 그리고 영혼으로 깨닫고 있기 때문에 가능한 일이다.

교사 중 한 명인 살로나 우바스는 필리핀 최고 명문 국립 필리핀 대학교를 졸업하고 다시 톤도로 돌아와 아이들을 가르치고 있는데, 그녀는 수많은 대기업의 입사 제안을 마다하고 센터로 돌아와 하이스쿨 아이들을 대상으로 영어를 가르치고 있다. 이 센터의 교사들은 한마음으로 이렇게 고백한다. "나는 아이들 때문에 살고 있습니다. 그러므로 아이들을 위해 죽겠습니다. 아이들을 위해 죽는다는 것은 내 삶에 자랑할 일이 하나 생긴 것이니 위로받을 일이 아니라 축하받을 일입니다. 나는 내 인생을 아이들에게 선물하겠습니다. 그럼 죽어도 나는 행복할 것 같습니다. 그것이 누군가에게 줄 수 있는 제 평생의 가장 값진 선물이니까요."

이 책을 보면서 우리 만방학교가 생각났다. 나도 이곳에서 진정한 교육을 통해, 삶에 있어서 정말 중요한 가치가 무엇인지를 알아가고 있다. 교육은 새로운 세상을 여는 열쇠이다. 죽을 각오로 학생들을 섬기는 선생님들의 선물과 같은 인생을 보며, 나도 그분들처럼 '가장 낮은 데서 피는 꽃'과 같은 인생을 살아갈 소망을 품고 꿈과 비전을 갖게 된다.

'기꺼이 가장 낮은 데서 피는 꽃이 되어라.' 비록 나는 낮아지지만 나의 헌신과 사랑으로 인해 다른 사람들을 높이는 인생은 그 무엇과도 바꿀 수 없는 위대한 가치가 머무는 인생일 것이다. 그런 인생은 다른 사람들뿐만 아니라 자신 또한 행복하게 만든다.

무엇이 가치 있는 인생을 만드는가. '가장 낮은 데서 피는 꽃'은 그 답을 알고 있다.

여덟 번째 숲
고전

지혜의 숲에서 만난 아이들

얘들아!
삶은 고전이란다

중남미 나무·페루 가지 | **이윤서** (9학년)

 나는 어린 시절부터 책을 좋아하시는 아빠 옆에서 많은 책들을 읽어왔다. 그러한 독서 습관 덕분에 많은 성장을 할 수 있었지만, 사실 약간의 독서 편식이 있다. 아빠는 과거의 이야기로부터 많은 배움을 얻을 수 있고 그것이 내 삶을 더 풍부하게 해 줄 거라며 여러 고전들을 권하셨지만 나는 고전이 아닌 다른 책들을 읽으려고 했다. 고전은 너무 옛날 이야기라 이해도 잘 안 되고 재미없을 것 같았기 때문이다. 그런데 이 책을 읽으면서 고전의 매력에 빠져들게 되었다.

이 책은 여러 고전들을 소개하며 그 이면에 숨겨져 있는 세상의 이치들을 보여주고, 이를 통해서 우리 삶을 돌아보게 한다. 정말 모든 작품들이 하나하나 인상 깊었는데, 그중 '특급품'이라는 고전을 읽으면서 자신감을 가질 수 있었다.

비자반은 비자나무로 만든 바둑판이다. 바둑판을 만들 때는 다른 나무도 사용하지만 특별히 비자나무로 만든 바둑판이 좋다고 한다. 비자나무는 연하고 탄력이 있어, 바둑을 두면 생기는 표면의 상처를 원래대로 복원하는 힘이 좋기 때문이다. 바로 이러한 상처를 복원하는 유연성 때문에 비자나무는 바둑판을 만드는 데 최상의 재료가 되는 것이다.

그런데 이 비자반 중에서도 특급품이 있는데, 바둑판에 가느다란 흉터가 있는 것이다. 보통 물건에 흠집이 있으면 상품성이 떨어지기 마련이지만, 비자반은 흉터가 있는 것이 훨씬 더 비싸다고 한다. 비자반의 상처는 그 비자나무가 균열이 생겼다가 제 힘으로 다시 붙었다는 유연성을 증명해 주는 것이기 때문에, 같은 비자반이라도 이러한 상처들을 가진 것은 특상품의 대접을 받는 것이다. 균열이 없는 비자나무보다 균열이 일어났던 비자반이 더 가치가 있는 것은, 어려움 속에서도 그것을 다시 극복할 수 있는 힘을 나무가 몸소 보여줬기 때문이 아닐까.

이 이야기를 읽으면서 비자반과 우리가 참 비슷하다는 생각이 들었다. 사람은 누구나 실수를 하고 잘못을 저지른다. 힘든 순간도 찾아오며 도중에 포기하고 싶을 때도 많다. 물론 그런 잘못이나 절망에 대해 관대해져서는 안 되겠지만, 그럴 때마다 비자반처럼 자신의 성질을 믿고 꾸준히 기다리고 노력하다 보면 더 단단하게 붙을 수 있을 것이다. 사람은 누구나 실패를 극복하면서 성장하기 때문이다.

예전에는 실수나 잘못을 하면 나를 변화시키려 하기보다는 '난 원래 나쁜 애야. 그래서 달라질 수 없어'라고 생각하며 힘들어하기만 했다. 하지만 이 책을 읽으면서 '나도 이 비자반처럼 실수를 하더라도(상처가 나더라도) 그 실수나 부족함을 통해 성장할 수 있음을 믿으며 열심히 살아야겠다'고 다짐하게 되었다.

그 어떤 노력이나 아무런 흠집 없이 싼 값에 팔리는 비자반이 아니라 벌어진 흔적은 있지만 그 흠집을 유연하게 붙이는 능력을 지닌 특급품 같은 사람이 되고 싶다. 아무런 노력 없이 이루어지는 것보다는 여러 실패의 과정들을 거치며 더 단단하게 성장하는 것이 더 중요하다는 걸 깨달았기 때문이다.

이 책에 있는 여러 고전들을 통해 전에는 알지 못했던 나의 모습과 세상의 모습을 볼 수 있었다. 처음에는 '고전 읽기에 한번 도전해보자'하는 마음으로 책을 읽기 시작했지만, 읽으면 읽을수록 책 속에 점점 빠져들게 되었다. 고전은 단지 '어렵고 따분한 옛날 책'이 아니라 '오래 전부터 내려온 삶의 지혜가 담긴 책'이라는 생각이 들었다. 고전에 흥미를 느끼게 해 준 이 책이 앞으로도 내 기억 속에 오래 남아 있을 것 같다.

장자

아시아 나무·동남아시아 가지 | **김진웅** (10학년)

고전 문학을 고르던 중 서양 고전이 아닌 동양 고전을 읽고
싶은 마음에 이 책을 읽게 되었다. 이 책은 도가 사상을 바
탕으로 쓰였지만 우리로 하여금 깊은 생각을 하게 해 주며 많은 지혜를 준
다. 『장자』에서 가장 잘 알려진 '장자와 나비' 이야기가 많은 사람들에게 영
감을 주듯이, 나에게도 많은 생각과 지혜를 준 이야기가 있다.

장자 '산목' 편의 한 이야기이다. 가(假) 나라 사람 임회가 도망을 치는데,

천금의 구슬을 버리고 갓난아기를 업고 가자 누군가가 물었다. "그 가치로 따지더라도 갓난아기가 덜 나갈 것이고, 귀찮은 것만 따지더라도 갓난아기가 더 귀찮을 터인데, 어찌 천금을 버리고 갓난아기를 업고 간 것입니까?" 그러자 임회는 "구슬은 이익으로 맺은 것이고 갓난아기는 천명으로 이어진 것이기 때문이오"라고 대답한다.

이 이야기는 효율만을 추구하는 세상 사람들에게 뒤통수를 한 대 얻어맞은 것 같은 충격을 준다. 가장 빠른 시간 안에 가장 적은 재료로 가장 힘을 덜 들여 최고의 효과를 얻는 것, 이처럼 수많은 사람들은 효율이 진리인 것처럼 효율적인 것에 열광한다. 물론 효율이 나쁜 것만은 아니다. '효율'이 없었다면 대량 생산이라는 개념이 없어서 자동차나 옷은 부자들만 이용할 수 있고 지금 우리가 누리고 있는 대부분의 것이 없었을 것이다.

적당한 효율은 우리에게 필요하지만 효율만을 추구하는 것은 매우 위험하다. 이는 우리의 인간성을 파괴시키며 상상할 수 없는 끔찍한 일들을 불러일으키기 때문이다. 대표적으로 효율적이지 못한 생물은 살아남지 못하고 효율적인 생물은 살아남는다는 진화론, 그것에서 나온 반유대주의, 반장애주의, 인종차별 등이 효율만을 강조하는 데에서 비롯된 문제점들이다. 효율만을 최고의 가치라고 여기는 것은 일을 못하는 노인들은 세상에서 없어져야 하는 것이 아닌가 하는 생각에까지 이르게 하는데, 이 같은 생각은 너무 극단적이라고 할 수도 있겠지만 우리는 역사를 통해 그렇지만도 않다는 것을 알 수 있다. 홀로코스트는 이미 과거형이고 인종차별은 아직도 문제로 남아있다. 그리고 세상은 여전히 '효율주의'에 빠져있다.

현재 세상의 관점에서 본다면 임회가 갓난아기를 구한 것이 이해가 되지 않을 것이다. 그리고 한 어린 양을 찾기 위해 온 세상을 찾아 헤매시는 하나님은 절대 존재할 수 없을 것이다. 세상은 효율을 추구하지만 하나님은 그렇지 않으시다. 그분의 계획 안에서는 효율을 찾기 힘들다. 그렇지 않다면 예수님께서는 우리를 위하여 십자가에 못 박히지 않으셨을 것이고 무리를 내쫓는 것이 아니라 사람들을 더 불러 모았어야 한다. 또한 수많은 사도들과 선교사들은 순교할 이유가 없다.

나는 이 시대를 살아가는 크리스천들이 세상을 따라 효율주의에 빠져 있지 않도록 조심해야 한다고 생각한다. 효율적인 세상의 것들에는 열광하면서, 잘 보이지 않고 효율적이지 않는 섬김과 헌신은 잊어버린 채 살아가고 있는 크리스천들을 보면 이미 효율주의에 깊게 빠져 있는 것은 아닌지 걱정된다. 하나님의 일을 한다면서 '비효율적인' 하나님의 방식을 따르지 않는다는 것은 말이 안 되는 일이다.

나는 왜 하나님이 일하실 때, 비효율적인 방법을 쓰실까 생각해 보았다. 그리고 임회의 마지막 말에서 그 답을 찾을 수 있었다. "구슬은 이익으로 맺은 것이고 갓난아기는 천명으로 이어진 것이기 때문이요" 임회는 사물의 가치를 보지 않고 사물의 관계를 본 것이다.

하나님께서 독생자 아들을 십자가에 희생시키면서까지 한 어린 양을 찾으시는 이유는 그 어린 양이 어떤 가치를 지녀서가 아니다. 가치로 따진다면 우리는 아무것도 내세울 것이 없는 죄인이다. 하지만 우리가 구원받을 수 있는 것은 하나님께서 우리의 가치보다 우리와 하나님과의 관계를 보시기 때문이다. 우리는 하나님의 피조물이자 아들이다. 이러한 관계로 우리는 '비효율적인' 구원을 받게 되었다. '우리는 왜 섬기며 희생하는가?' 이 질문

역시 임회에게서 답을 찾을 수 있을 것이다.

　이번 학기 만방학교 구호는 '손해는 은혜다'이다. 효율만 추구하는 이 세상에서 손해와 섬김과 헌신이라는 비효율을 추구한 만방학교가 정말 아름답게 느껴지지 않는가. 섬기려는 마음과 욕구가 충돌할 때 우리는 알아야 한다. 나의 욕구는 나와 이익으로 맺어져 있지만, 내가 섬길 대상과 나는 사명으로 이어져 있다는 것을 말이다. 비효율적이지만 하나님의 방법인 섬김과 헌신을 따르며 손해 보는 우리가 되자.

논어

유럽 나무·독일 가지 | **김동민** (9학년)

매번 자기계발서, 소설, 위인전만 읽다가 『논어』라는 고전을 읽게 되어 조금은 생소했다. 그래도 조금씩 음미해가면서 읽었는데, 특히 '인'(仁)에 관한 내용이 감명 깊게 다가왔다.

"부유함과 귀함은 사람들이 바라는 것이지만, 정당한 방법으로 얻은 것이 아니라면 그것을 누려서는 안 된다. 군자가 인을 버리고 어찌 군자로서의 명성을 이루겠는가? 군자는 밥 먹는 순간에도 인을 어기지 말아야 하고,

아무리 급한 때라도 반드시 인에 근거해야 하고, 위태로운 순간일지라도 반드시 인에 근거해야 한다."

이 구절을 읽고 '과연 '인'(仁)이라는 것은 무엇일까, 단순히 예절과 어진 마음을 나타내는 것일까' 하는 의문이 들었다.

사람들과의 관계에 있어서 자기중심적으로 판단하고 바라본다면 그저 자신의 욕구만 채울 뿐, 진정한 '인'(仁)의 가치를 찾지 못한다. 하지만 내가 중심이 아닌 주위 사람들이 중심이 된다면 그동안 보이지 않았던 소중한 가치들이 보이고 주위를 바라보는 관점 또한 바뀌게 될 것이다. 따라서 내가 이 책을 읽고 내린 '인'(仁)의 정의는 "위태로운 순간이든, 넘어지는 순간이든 어떠한 상황에 처해도 주위를 바라보는 것"이다. 즉, 나의 이익이나 부를 추구하지 않고, 주어진 환경과 주위 사람들을 바라보며 눈에 보이지 않는 소중한 것들을 바라보는 것이다.

중국 땅에서 지식도 쌓고 여러 문화들을 접하고 공부하면서 한국 교육과는 차원이 다른 교육 환경 속에서 즐겁게 공부하다 보니, 나의 삶은 비교와 경쟁이 아닌 '하나님의 일꾼'으로 쓰임 받기 위한 도구가 되어 있었다. 이렇게 나에게는 큰 변화들이 일어났고 내가 바라보는 관점도 바뀌게 되었다. 특히 힘들거나 내 뜻대로 일이 풀리지 않을 때, 나는 억지로 상황을 벗어나려고 하기보다는 잠시 멈춘 채 주위를 바라보려고 한다.

'중고'(中考)를 준비하는 과정 가운데 겉으로 드러내지는 않았지만, 내 안에는 많은 걱정과 두려움이 있었다. 화학, 물리, 수학 같은 과목은 내가 열심히 한 만큼의 결과가 나오지 않았다. 그래서 시험 기간 동안 더 많이 질문하고 외우며 이해하려고 노력했지만, 역시나 기대 이하의 점수를 얻었다.

지금까지의 나를 돌아보며 한심하기도 하고 허무하다는 생각도 들었다. 그러다 잠시 생각을 멈추고 주위를 바라보았다. 그랬더니 좋은 친구들과 훌륭한 선생님들, 그리고 좋은 교육 환경으로 둘러싸인 만방이 보이면서 감사한 생각이 들었다. 또한 내 힘이 아닌 하나님의 은혜로 살아가고 있다는 것을 다시 한 번 느낄 수 있었다.

공자는 말한다. '인'(仁)은 바로 인간이 인간다울 수 있는 가장 중요한 덕목이라고. 이러한 덕목들을 잊고 살아간다면, 나의 중심은 하나님을 찬양하고 사랑하는 마음으로 채워지지 않을 것이다. 어떤 어려움에도 쉽게 동요되지 않고 하던 일을 멈춘 채 주위를 바라봄으로써 진짜 내가 추구하고 바라봐야 하는 분이 누구인지 아는 것, 그것만이 우리가 지켜야 하고 영원히 가져야 할 태도가 아닐까.

다음 학기면 또 다른 새로운 환경에서 지내게 될 텐데, 더 이상 여러 문제들로 인해 흔들리지 않고 주위를 바라보며 내가 그동안 보지 못한 것들을 볼 수 있기를 기도한다. 그렇게 인(仁)을 버리지 않고 진정한 가치와 바른 중심을 가지고 살아가기를 소망한다.

지혜의 숲에서 만난 아이들

징비록 : 지옥의 전쟁 그리고 반성의 기록

중남미 나무·브라질 가지 | **박준형** (9학년)

 평소에 나는 역사를 좋아하고 관심이 많다. 시청각 시간에
임진왜란에 관한 영상을 보게 되었는데, 그 계기로 이 책을
읽게 되었다. 『징비록』은 임진왜란과 정유재란 당시 좌의정 겸 병조판서를
겸하던 류성룡이 전쟁을 겪으며 그 참상을 기록한 책이다. 실제 전장에 있
던 류성룡이 직접 쓴 기록이라 다른 역사책들보다 더 세세하게 쓰여 있어서
전쟁이 얼마나 치열하고 참혹했는지 잘 이해할 수 있었다.

징비록이 주는 첫 번째 교훈은 '미리미리 준비하고 깨어 있어야 한다'는 것이다. 임진왜란이 일어나기 10년 전부터 한반도에는 전쟁의 기운이 감돌고 있었다. 도요토미 히데요시 아래 하나로 통일된 일본이 강력한 군사력을 밖으로 돌릴 필요가 있었고, 이때부터 이미 한반도 정벌을 위한 오사카성 건설이 진행되고 있었던 것이다. 이미 수많은 일본 사신들이 전쟁을 암시하듯 무리한 요구를 했지만 100년 가까이 평화로웠던 조선은 군대도 없는 것과 마찬가지였고, 당시 붕당정치로 인해 사람들의 마음이 하나로 모이지 못했다. 이런 상황에서 전쟁이 일어났으니 지는 것은 당연한 결과였다.

모든 전쟁사는 한 쪽이 다른 쪽을 과소평가해서 승패가 갈린다. 일본은 깨어 있었고, 조선은 그러지 못했다. 그래서 우리는 항상 세상의 정세를 살피고 겸손한 마음으로 귀를 기울이며 그에 맞게 준비되어 있어야 한다. 깨어서 미리 준비하는 사람은 잘 대처하고 전진할 수 있지만, 귀 기울이지 않는 자는 후퇴하거나 잊혀지거나 그에 맞는 대가를 치르기 때문이다. 이것이 징비록이 주는 첫 번째 교훈이다.

두 번째 교훈은 위인들이 가졌던 '애민·애국의 마음'이다. 징비록을 보면 나라를 사랑했던 위정자들보다 간사하고 교활한 간신들이 참 많이 나오는데, 이들은 대부분 싸워보지도 않고 도망가거나 가족들과 함께 국가의 재산을 훔쳐 달아난다. 처음에는 이기적이라고 생각했지만 내가 그들이었어도 수도 적고 훈련도 안 된 병사들로, 훈련이 잘 된 일본 대군에 맞서 싸우지는 않았을 것 같다.

그럼에도 불구하고 나라와 백성을 위해 목숨을 걸고 싸운 몇몇 충신들이 있었는데, 그중 한 사람이 이순신 장군이다. 그는 임진왜란 때 나라를 구하

지혜의 숲에서 만난 아이들

고 중도에 좌천되어 고문까지 받았지만, 정유재란 때 다시 활약을 펼친다. 억울하고 치욕스러울 텐데도 나라와 백성을 위해 헌신하는 모습이 참 존경스러웠다. 후손이 되는 우리도 이와 같은 마음을 본받아야 할 것이다.

마지막으로 이 책을 읽고 생각한 것은 '역사를 대하는 우리의 태도'이다. 과연 얼마나 많은 사람이 역사에 관심이 있을까? 임진왜란과 정유재란을 아는 한국인이 얼마나 될까? 역사를 잊은 민족은 미래도 없다고 하였다. 일본은 여전히 강력한 존재이며 중국 역시 마찬가지이다. 우리는 아픈 역사의 후손으로서 그런 아픈 역사를 반복하지 않고 평화롭고 밝은 나라를 후세들에게 물려 줄 '책임과 의무'가 있다. 그렇기 때문에 우리가 역사를 공부하고 관심을 갖는 것은 매우 중요하고 큰 의미가 있는 것이다. 더 많은 사람들이 우리나라 역사에 관심을 갖고 아픈 역사를 배우면서 더 나은 우리나라를 만드는 인재가 되었으면 좋겠다.

대지

아프리카 나무 · 르완다 가지 | **주세찬** (8학년)

이 책은 농부라는 가난한 신분에서 자신의 땅으로 돈을 벌
어 대지주가 된 왕룽의 이야기이다. 왕룽은 어느 날 한 신부
를 맞아들여 함께 살며 농사를 짓게 되는데, 원래 종이였던 그의 신부 오란
은 누구보다 눈치가 빠르고 일도 잘해 왕룽의 성공에 큰 기여를 한다. 하지
만 성공하면 성공할수록 왕룽의 마음속에는 교만이 자라난다. 예전에 자신
과 같은 신분이었던 농부들을 비천한 사람들이라고 깔보며 상대조차 하지

않고, 심지어는 오란까지 외면해버리며 새로운 첩을 맞아들이게 된다. 결국은 오란이 늙어 죽게 되었을 때, 왕룽은 오란에게 후회와 미안한 감정을 느끼지만 돌이킬 수 없는 삶이라며 자기 합리화를 해버린다.

나는 이 책을 읽다가 인간으로서 어떻게 이럴 수 있는지 쉽게 납득할 수가 없었다. 그러나 이내 '나도 왕룽과 같은 삶을 살고 있진 않나?' 하는 질문을 던지게 되었다.

왕룽은 오란이 있었기에 부자가 될 수 있었고, 아들의 대까지 명성을 이어 마을에 이름을 떨칠 수 있게 되었다. 하지만 정작 오란이 왕룽에게서 잊혀졌던 것처럼 우리를 구원해 주신 하나님이 내 마음에 계시지 않는 것은 아닐까 하는 생각이 머릿속을 스쳤다. 하나님께 기도하지 않아도 충분히 잘 살 수 있다고 생각하며 편하게 살아가려고만 했던 내 모습을 발견하게 된 것이다. 내가 지금까지 걸어온 길 뒤에는 많은 분들의 기도와 하나님의 예비하심이 있었는데도 말이다.

왕룽이 오란에게 미안한 감정을 느꼈음에도 돌이킬 수 없었듯이 심판의 날이 오면 우리에겐 다시 한 번의 기회는 없다. 기독교인들이 자주 듣는 질문이 하나 있다. "내일 예수님이 오신다면 당신은 천국에 갈 수 있습니까?" 정말 솔직히 고백하자면 나는 자신이 없다. 모태신앙인 데다가 8년간 기독교 학교에 다니며 매일 예배를 드렸음에도 불구하고 하나님을 인격적으로 만난 적은 없었던 것 같다.

이렇게 내가 하고 싶은 것만 하고 살면서 때가 되어 후회해봤자 다시 한 번의 기회가 없다는 걸 느끼니 정말 두려웠다. 그래서 이 책을 읽고 내가 어떻게 해야 할지에 대해 생각해보며 앞으로 지켜야 할 두 가지 방안을 세워

보았다.

첫 번째는 '감사일기를 작성하기'이다. 선생님께 혼나지 않으려고 하는 숙제가 아니라, 하루를 마치면서 오늘 하루 내 옆에서 역사하셨던 하나님을 느낄 수 있는 그런 감사일기 말이다. 나의 마음가짐에 따라서 어떤 일은 불만이 될 수도 있고 감사한 일이 될 수도 있음을 깨닫는다. 감사일기를 쓰는 것조차 불만거리가 될 수 있는 것처럼 말이다.

두 번째는 '내가 있는 자리에서 최선을 다하기'이다. 나는 지금 섬김이 자리에 있다. 만방에서 '섬김이' 자리는 절대 다른 아이들보다 잘났거나 높은 자리가 아니다. 먼저 나서서 손해 보는 자리이다. 임원 같이 높은 위치라고 생각하는 잘못된 인식을 버리고 친구들보다 낮은 곳에서 섬기지 않으면 안 되겠다는 책임감을 가져야겠다고 다짐했다.

예수님께서 섬김의 길을 걸으셨듯이 나도 남을 섬기며 하나님의 사랑을 조금 더 느끼고 싶은 바람이다. 교만 대신 겸손함으로, 내 마음속에 나만의 우상에 갇혀 살기보다는 하나님을 왕좌에 모시는 삶을 살고 싶다.

대지

아시아 나무 · 동남아시아 가지 | **최하원** (10학년)

평소에 고전보다는 일반 소설을 많이 읽는데, 이번에 읽게 된 펄벅의 『대지』는 고전 소설에 대한 나의 선입견을 바꿔 놓았다. 이 책을 읽으면서 많은 고민과 깊은 생각을 하게 되었고, 내 인생에서 고전의 시작을 이 책으로 하게 되어 참으로 감사했다.

이 소설은 왕룽이라는 중국 청나라 시대의 사람을 배경으로 한 소설이다. 이야기 속에서 화적떼, 군대 그리고 아편의 등장으로 시대 배경이 청나라인 것을 알 수 있다. 평범한 농사꾼인 왕룽의 집안과 그 집안을 꾸려나가는 다사다난한 과정, 이 평범하지만 비범하고 잔잔하지만 장엄한 소설 속 이야기들 중에서 몇 가지 중요한 점들에 대해 깊이 생각해 볼 수 있었다.

우선 나는 왕룽의 땅에 대한 애착에 관심이 갔다. 땅이 그의 운명을 쥐고 있다고 해도 과언이 아닐 정도로, 땅은 그의 인생에서 정말 큰 영향을 미쳤다. 그는 메마른 땅으로 인해 땡전 한 푼 없는 빈곤도 겪어보고, 부지런히 일해서 땅에서 나는 소산으로 인해 큰 부유함도 겪어보았다. 또 가족들이 먹고 살기 위해 구걸이라도 해보려고 남쪽으로 내려가는 어려운 상황에서도, 그는 자신이 굶어 죽는 한이 있어도 땅은 절대로 팔지 않겠다며 땅을 내버려둔 채 떠난다. 그리고 힘들 때마다 '고향에 나의 땅이 있다'는 희망을 품고 살았다. 이렇듯 그는 땅으로 인해 '빈'과 '부'를 오가기도 하였고, 희망을 품기도 하였다. 죽을 때에도 아들들에게 땅을 절대 팔지 말라고 당부하며 "땅은 생명의 근원이자 끝"이라는 유언을 남긴다.

나는 왕룽의 이런 모습을 통해 우리 그리스도인들이 가져야 할 모습을 발견했다. 바로 '애착'이다. 그에게는 수많은 유혹들이 있었다. 극심한 가난 속에서 땅이라도 팔아 생계를 유지할 수 있었지만 그는 그러지 않았다. 나는 하나님을 그 땅으로 비유하고 싶다. 성경에 '주신 이도 여호와시요, 거두시는 이도 여호와시니라'는 말씀도 있듯이, 모두 그분의 계획 안에서 빈과 부를 주시고 언제나 우리의 희망이 되시며 의지하게 되는 분이 하나님이시기 때문이다. 세상의 방법을 따라 일시적인 부를 누릴 수는 있겠지만, 하나님이 계시지 않으면 결국은 모두 죽고 만다.

왕룽의 땅에 대한 애착처럼 우리도 하나님께 집중하며 하나님을 위해 경작하면 주님은 우리에게 큰 축복을 부어주실 것이다. 왕룽이 말한 이 '땅'과 같은 존재는 누구에게나 있으며, 그것을 무엇으로 정하느냐는 우리의 몫이다. 우리 그리스도인들은 그 '땅'을 하나님으로 선택했으면 좋겠다.

또한 청나라 시대를 배경으로 한 이야기 안에서 자연스레 근대화가 되는 과정도 살펴볼 수 있었는데, 알다시피 근대화는 단순히 빈부 변화나 기술의 변화가 아니다. 그것에서 더 나아가 인간 사상의 변화인 것이다. 이 책을 통해 근대화 중 하나의 키워드를 발견할 수 있었는데, 그것은 바로 '책임'이다. 이야기의 중심이 되는 왕룽 가족의 1세대는 시대가 변하여도 '자신의 후세만큼은 굶는 일이 없도록 노력해야 한다'는 책임감 있는 모습을 보여준다. 우리 조상들의 이런 '책임 의식'이 있었기에 지금의 우리가 편하게 살 수 있는 것은 아닐까. 이런 모습 속에서 지금의 우리도 다음 세대를 향한 책임감을 가져야 할 필요성을 느낀다.

이 책은 나에게 많은 생각을 하게 해 준 책이다. 다사다난한 일들 속에서도 살려는 의지, 가족과 후세를 생각하는 큰 사랑과 책임감이 독자들을 향한 메시지라고 생각한다. 또한 책을 통해 무엇을 배웠는지보다는 책을 통해 얼마나 많은 생각을 했는지가 중요하다는 것을 알게 되었다.

햄릿

아시아 나무 · 동남아시아 가지 | **정지원** (10학년)

이 책을 통해 하나님의 말씀이 진리라는 것을 알게 되고, 믿음이 더욱 확고해져서 너무나도 감사하다. 셰익스피어의 4대 비극 중 하나인 '햄릿'의 줄거리는 대략 이러하다. 햄릿 왕자는 아버지의 동생인 작은 아버지가 왕이 되고자 하는 욕심으로 자신의 아버지를 독살하고 자신의 어머니를 빼앗은 것을 알고는 복수하기로 한다. 그 과정에서 자신이 좋아했던 신하의 아버지를 죽이게 되고 사랑하는 여자를 자살에 이르도록 하게 한다. 결국 햄릿이 죽인 사람의 아들인 그 신하가 햄릿에게 복수를 계획하고 햄릿의 작은 아버지, 즉 현왕도 햄릿을 죽이려 한다는 내용이다. 결과적으로는 현재의 왕도, 햄릿의 신하도, 햄릿의 어머니도, 햄릿 자신도 이 비극의 복수극을 통해 모두 죽게 된다.

로마서 6장 23절에 "죄의 삯은 사망이요 하나님의 은사는 그리스도 예수 우리 주 안에 있는 영생이니라"라는 말씀이 있다. 햄릿의 등장인물들은 그들의 죄의 삯을 제대로 받았다. 그러니 이 얼마나 비극적인 일인가. 권력을 형보다 사랑한 왕, 복수를 하다 또 다른 복수의 대상이 된 햄릿. 이 소설을 보면 악은 악을 낳고 그 악의 결과는 죽음이라는 것을 깨닫게 된다.

그런데 이처럼 사람을 미워하고 질투하며 죽이는 것은 소설에서나 나오는 이야기가 아닌 바로 우리 삶 속의 이야기이다. 우리는 하루에도 수없이 많은 사람들을 미워하며 입으로, 마음으로, 생각으로 사람의 영혼을 죽이고 질투하지 않는가. 내가 햄릿이었어도 달라지는 건 별로 없을 것 같다. 나도 분명 복수를 계획하며 죄를 지었을 것이다. 이처럼 죄인인 나는 사망을 삯으로 받는 것이 마땅한 존재이다. 그러나 예수님께서는 자신보다 나를 더 사랑하셨기에 나는 영생을 얻었다. 예수님께서 죽어가고 떠내려가는 내 영혼을 살려주신 것이다. 그 진정한 사랑의 삯은 영생이다. 이처럼 사랑은 영혼을 살리지만 시기, 질투, 미움 등 악한 마음은 영혼을 죽인다.

이 책은 미움 따위는 쓸모없고 헛되다는 것을 뼈저리게 느끼게 해 준다. 하나님은 왜 아비가일을 사용하셔서 다윗의 복수를 막으셨는지, 다윗에게 사울이 던진 창을 되돌려 던지는 것을 참게 하셨는지, 그토록 자신을 죽이려는 사울에게 다윗이 복수하는 것을 허락하지 않으셨는지 이해가 되었다.

복수하고, 미워하고, 시기하고, 뒷담화하는 것을 내 육체는 즐거워할지 몰라도 내 영혼은 그로 인해 죽어가기 때문이다. 그 화살은 부메랑과 같이 돌아와 결국 내가 맞게 되어 있다.

그러나 용서는 다른 영혼을 수렁에서 건져낼 뿐만 아니라 나 자신 또한 죄의 구덩이에서 건져낼 수 있다. 결국, 용서는 나 자신을 살리는 일이며 죄에서 물러남은 하나님께로 더욱 더 가까이 가는 것임을 믿는다.

나는 이 책을 통해 다시 한 번 하나님의 말씀에 대한 믿음을 갖게 되었고, 몰랐던 진리들을 깨닫게 되었다. 여전히 이 진리를 모르는 사람들이 수억 명이 넘는다. 내게 맡겨진 사명은 삶으로 돌아가 나의 행동과 말에서 말씀이 흐르게 하는 것이다.

마지막으로 하나님이 말씀하시는 사랑, 죽음이 아닌 영생으로 이끄는 사랑에 대해 생각해 보고자 한다.

"사랑은 오래 참고 사랑은 온유하며 시기하지 아니하며 사랑은 자랑하지 아니하며 교만하지 아니하며 무례히 행하지 아니하며 자기의 유익을 구하지 아니하며 성내지 아니하며 악한 것을 생각하지 아니하며 불의를 기뻐하지 아니하며 진리와 함께 기뻐하고 모든 것을 참으며 모든 것을 믿으며 모든 것을 바라며 모든 것을 견디느니라" (고린도전서 13:4~7)

죄와 벌

아시아 나무 · 동남아시아 가지 | **한영서** (10학년)

 고전을 도전해보고 싶은 마음에 고른 이 책은 상하권을 합쳐 꽤 많은 분량이었지만 정말 재미있게 읽은 책이었다. 이 책을 통해 사람이 얼마나 무서운 존재인지를 새삼 느낄 수 있었고 사상과 종교가 사람에게 주는 지대한 영향력을 조금이나마 실감할 수 있었다. 또한 올바른 사상과 가치관이 사람을 살리고 한 사람의 인생을 구원한다는 것을 알게 되었으며 올바르지 못한 가치관은 결국 인간의 본성과 모순되어 멸망을 초래하는 것을 발견할 수 있었다.

그렇다면 한 사람의 사상을 구성하는 데 핵심적인 역할을 하는 것은 무엇일까? 첫 번째는, 환경적인 요소이다. 이 책의 주인공인 대학생 라스콜리니코프는 찢어지게 가난했다. 창문도 없는 작고 초라한 단칸방에서 살았으며 인간관계도 원만하지 못했다. 이러한 상황은 그의 범죄의 동기가 되었고, 그의 사상의 기초이자 디딤돌이 되었다. 이 환경을 바탕으로 그는 자신만의 사상을 정립해나갔는데, 이것이 바로 도덕적 니힐리즘이다. 간단하게 말해서, 도덕적 니힐리즘은 죄를 도덕적으로 정당화시키는 것이다. 이는 죄를 사회 공공의 이익과 연결시킴으로써 죄책감으로부터 해방되고 살인 등 중범죄에도 정당성을 부여하게 된다. 즉, 상황에 따라 살인을 무죄라고 판단하며 때론 살인과 무력 등이 수단으로써 사회 공공 이익을 도모하고 세상을 긍정적인 방향으로 이끌어 갈 수 있다고 믿는 것이다.

두 번째로, 종교 역시 개인의 사상에 중요한 밑거름이 되어 준다. 올바른 종교는 올바른 사상을 정립하도록 유도하고 올바른 사상은 올바른 행위와 생활의 근거가 되는 것이다. 종교가 다른 두 사람의 삶에 나타나는 극단적인 반응은 인간이 얼마나 나약한 존재인지를 잘 보여주는데, 라스콜리니코프와 소냐가 그러했다. 두 사람 모두 기약 없는 가난과 굶주림에 고통받고 있었고 형편없는 주거환경, 복잡한 가정사에 얽혀 있었다. 그러나 무신론자였던 라스콜리니코프는 도덕적 니힐리즘에 빠져 살인을 하고 자신의 사상과 삶이 송두리채 흔들린 반면, 크리스천이었던 소냐는 하나님을 신뢰하면서 자신 앞에 주어진 하루하루를 순종하며 버텨냈다. 같은 상황에서 출발한 그들은 전혀 다른 곳을 향해 달려가게 되었고, 이 중심에는 종교가 있었다.

즉, 하나님이 없는 삶은 자신에 대한 정체성이나 사회의 불평등과 부조리에 환멸을 느끼지만 '믿음'은 평안과 안정을 주는 것이다.

더불어, 무한한 사랑은 사상과 종교를 이긴다. 소냐는 자신만의 세계에 빠져있는 무신론자인 라스콜리니코프를 향해 무한한 사랑을 보여 준다. 그의 허물을 사랑으로 덮어 진심으로 기다려 주고 품어 주며 인내하고 격려하였다. 처음에는 냉담하고 거부 반응을 보였던 라스콜리니코프도 점차 그 사랑에 반응하며 진리에 눈을 뜨기 시작하였고 마침내 그는 제 2의 인생, 즉 부활을 꿈꾸게 되었다. 과연 소냐가 크리스천이 아닌 그저 선한 사람이었다면 이런 변화가 가능했을까? 나는 아니라고 생각한다. 영원과 진리 위에 세워진 사랑에는 힘이 있기 때문에 영혼을 살릴 수 있는 것이다.

올바른 종교, 올바른 사상 위에 서는 것이 최고의 축복이다. 인간은 하나님을 믿지 않거나, 자신의 창조주를 기억하지 않으면 공허하고 모순되게 되어 있다. 사랑을 통해 종교와 사상의 벽을 넘는 것, 그로 인해 잃어버린 영혼을 하나님의 품으로 돌아오게 하는 것, 이것이 예수님께서 기뻐하시는 모습이 아닐까. 영혼에 대한 갈급함을 구하고 애통하는 마음을 구하는 우리가 되길 바란다.

부록

학부모
독후감

지혜의 숲에서 만난 아이들

아이와 완벽주의

오윤서 학생 학부모

처음 책의 제목을 보았을 땐, '완벽주의를 극복하는 방법을
알려 주는 책'이란 생각이 들었다. 나와 우리 가족은 '완벽'
과는 거리가 멀다고 생각했기에 나와는 별 상관이 없으리란 생각으로 책을
읽기 시작했다. 그런데 책을 읽으면서 '완벽주의'란 내가 생각하고 있던 의
미보다 더 무서운 상황을 설명하는 것임을 알게 되었다. 나는 '완벽주의'라
고 하면, '일을 탁월하게 잘하고, 이 과정에서 심리적인 부담감을 좀 느끼고

있는 사람'을 일컫는다고 생각했다. 그러나 이 책은 완벽주의가 '어떤 일을 잘하고 싶은 최선의 노력'이라는 경계를 넘어서 '실수나 실패에 대한 두려움의 상태'라고 설명하면서, 이것은 자신은 물론 타인에게까지 괴로움을 주며 결코 건전한 완벽주의란 없다고 말하고 있었다.

가족들과 이야기를 나누다 보니 처음 내 생각과는 달리 우리도 이런 마음의 상태에서 완전히 자유롭지 못하다는 것을 알게 되었다. 이 책을 통해 완벽주의에 대해 새롭게 알게 되었고, 이것이 행복한 삶에 큰 걸림돌이 된다는 것을 깨닫게 되었다. 또 늘 윤서가 행복한 아이로 성장하기를 바라면서도 뜻하지 않게 좋지 못한 영향을 주고 있지는 않은지 생각해보는 기회가 되었다.

우선 '완벽주의'는 '행동이나 성취'의 문제가 아니라 '마음'의 문제임을 알게 되었다. 일을 잘하고 싶다는 욕구와 완벽주의는 엄연히 다르다. 완벽주의적인 불안은 타인의 시선을 지나치게 의식하거나 자신이 얼마나 잘하고 있는지 신경 쓰느라 오히려 일에 방해가 되게 한다. 이러한 불안을 느끼게 되면, 일의 성취에 대한 자부심보다 실수에 대한 걱정이 커서 결코 행복할 수가 없다. 심지어 완벽하지 않으면 공동체나 타인으로부터 인정받지 못한다고 생각하거나 자신을 가치 없는 사람으로까지 여기게 된다. 완벽주의는 마음의 문제를 다루어야 해결책도 찾을 수 있는 것이다.

우리 아이의 '행동'에 주목할 것이 아니라, 그 행동 아래에 숨겨진 '마음'에 어떤 일이 일어나고 있는지를 알도록 노력해야겠다는 생각이 들었다. 윤서가 무엇인가를 열심히 하고, 때로는 무엇인가를 걱정하는 이면에는 혹시 완벽주의적 불안함이 있는 것은 아닌지 마음을 살펴야겠다.

또한 평소 '완벽주의'를 개인의 타고난 성향이나 성격 정도로만 이해했던 것이 잘못이라는 것을 알게 되었다. 완벽주의는 주변 사람과 끊임없이 상호작용을 하면서 나타나는 결과라고 한다. 누군가에게 인정받고 칭찬받기 위해서나 완벽하게 해내지 못하면 다른 사람에게 받아들여지지 못할 것이라는 두려움 때문에 부단히 노력하며 완벽주의자가 되어 간다는 것이다.

완벽주의자는 이렇게 주변 사람과의 관계뿐만 아니라 사회·문화적인 영향도 받는다. 지금 우리는 끊임없이 경쟁하고 우열을 가리는 서열 문화 속에서 살고 있다. 승자 독식의 문화 속에서 자라나는 우리 아이들도 알게 모르게 가정과 사회에서 완벽주의를 학습하고 있는지도 모른다. 성공을 위해 기꺼이 완벽주의자가 되어 가지만, 정작 성공한 완벽주의자들은 보람과 기쁨보다는 실패를 두려워하는 모습을 보인다. 신문 기사를 보면 작은 실패에도 무너지는 성공자들이 얼마나 많은가!

윤서가 '어떤 일에도 실수나 실패는 있을 수 있으며, 이를 통해서 많은 것을 배울 수 있다는 것'을 잊지 않기를 바란다. 중요한 것은 실패하지 않는 것이 아니라, 도전하고 실패하면서 배우고 성장하는 것임을 기억하기를 바란다.

비록 나는 완벽주의자가 아니지만 이 책을 통해서 가족을 돌아보고 서로를 돕는 방법을 생각할 수 있어서 감사했다. 저자는 이 책에서 완벽주의를 극복하도록 돕는 방법으로 격려와 공감하기, 감정 조절하기, 대화법 등의 많은 조언을 하고 있는데, 이것들을 모아 한마디로 요약한다면 '있는 그대로를 사랑하기'일 것이다. '실수나 실패를 해도 나는 여전히 소중하고 사랑받는 존재이다'라는 믿음! 윤서를 있는 그대로의 모습으로 사랑하며 격려하고, 윤서의 관점에서 공감하고 이해한다면 어떤 상황 가운데에서도 윤서의 마음은 굳건하리라 생각한다. 실수나 실패에도 끝까지 믿음으로 지켜보며 기다려 주는 부모가 되고 싶다.

우리 가정 안에서도 경쟁적인 문화 속에 지나치게 많은 것을 추구하지는 않았는지 돌아보았다. 또한 부모 스스로도 완벽주의 성향은 없는지 생각해 보며, 가족 안에서 서로에게 어떤 영향을 미치게 될지 돌아보게 되었다. 또 세상 문화의 부정적인 압력으로부터 자유롭지 못한 점은 없는지 생각해 보았다. 완벽주의를 조장하는 원인은 가족 내부나 외부에 어디든지 존재할 것이다. 그러나 대화와 공감으로 서로를 수용하는 환경 속에 있다면 완벽주의의 덫에 빠지지는 않을 것이며, 실패나 거부에 대한 두려움이 아니라 새로운 시도나 모험도 더 용기 있게 받아들일 수 있을 것이라고 확신한다.

우리 윤서도 이 세상에서 완벽하지 않을 용기를 가지고 살아가길 바란다. 생활 속에서 최선의 노력을 하되 실수를 두려워하지 않고 도전하여 능력을 키우고, 작은 성취에도 감사와 기쁨을 누리며 행복한 삶을 살아가기를 기대한다.

이 책을 읽으면서 완벽주의에 대해 제대로 알고, 그리스도인이 누리는 행복을 새삼 깨닫게 되었다. 내 힘으로 할 수 없는 일과 끝도 없는 두려움에서 벗어나는 일은 생각만큼 쉽지 않다. 어쩌면 완벽주의가 이 시대의 우상인지도 모르겠다. 그러나 우리의 불완전함과 약함에도 불구하고 언제나 우리를 받아 주시고 사랑해 주시는 하나님의 은혜는 우리를 자유하게 할 것이다. 완벽할 수도 또 그럴 필요도 없음을 알게 하시니 감사하다. 윤서와 함께 이런 복을 누리며 더 많은 사랑을 주고받기를 노력해야겠다.

로마서 : The 메시지 신약

진민후 학생 학부모

유진 피터슨의 『로마서 : The 메시지 신약』을 3번 정도 정독하면서 예수님의 삶과 죽음과 부활을 통해 내 환경과 삶을 되돌아볼 수 있었다. 로마서를 통해 나와 가족들의 신앙관, 기도제목을 보며 그동안 하나님께 간구했던 것들이 나 자신을 정당화한 것임을 알게 되었다. 그리고 나의 힘으로 바로 서려고 애쓰는 대신, 하나님께서 나를 바로 세워주실 것을 신뢰하며 모든 것을 맡기는 인생으로 바꾸는 계기가 되었다.

하나님께서 장차 행하실 모든 일에 대한 확신이 생기고 늘 깨어 있게 해 주신다는 것을 인정할 때, 환경의 어려움이나 고난은 나를 결코 무너뜨리지 못한다는 것을 확신하게 된다. 어떤 상황 속에서도 만족하는 기쁨을 배우고 남을 의식하거나 비교하지 않음으로써, 나를 향한 하나님의 계획하심을 신뢰하고 인정하는 삶을 살아가길 원한다.

잘나간다는 것, 형편이 좋아진다는 것, 행복해진다는 것, 감사하다는 것, 힘들고 절망스럽다는 것 모두 세상의 기준과 나의 기분에 따라 결정되었지, 하나님의 기준이 아니었음을 다시금 깨닫게 되니 부끄러운 마음이 들었다. 예수님께서는 이런 나를 위해 십자가에 달려 돌아가셨는데, 나는 여전히 율법에 매인 채로 종교생활을 하고 있는 것은 아닌지 돌아보며 하루, 일주일, 한 달, 일 년의 삶을 살아가면서 나는 과연 얼마나 예수님으로 인해 감격하고 감사했는지 회개하는 계기가 되어야겠다.

"내가 믿는 하나님이 정말 진짜가 맞나?"라고 고백하며, JG, 성경 세미나, 창조과학 세미나 등을 통해 예수님을 알아가고 변화되고 싶다는 아들의 JG 감상문을 보며 부끄러웠다. 자식과 사람들 앞에서 거짓과 허영으로 무장된 내 모습을, 아들의 진실된 고백의 거울에 비춰 보니 한없이 부끄러워진다. 예수님에 대한 신뢰나 믿음이 단 1%만 남아있더라도 예수님의 가지에 접붙여져서, 신뢰와 믿음을 길러 주는 양분을 공급 받고 내 자아를 놓지 않기를 소망한다.

"하나님께 시선을 고정하십시오. 늘 얼굴에 미소를 띠고 일하십시오. 중심으로부터 사랑하십시오. 사랑하는 척하지 마십시오. 힘과 열정이 가득한 사람이 되십시오. 언제든 기쁘게 주님을 섬길 준비를 갖춘 종이 되십시오.

지혜의 숲에서 만난 아이들

힘든 시기에도 주저앉지 마십시오. 그럴수록 더욱 열심히 기도하십시오. 도움이 필요한 그리스도인을 도우십시오. 정성껏 환대하십시오. 원수에게도 축복해 주십시오. 악이 나를 이기도록 놔두지 마십시오. 오히려 선을 행함으로써 악을 이겨 내십시오."

바울의 권면이 나를 향한 것임을 깨닫고, 나를 사랑하고 다른 사람을 사랑하며 율법의 최종 목적을 완성하는 자로 서고 싶다.

하나님의 나라는 '무엇으로 배를 채우느냐'가 아니라, '하나님께서 나의 삶으로 무엇을 하시느냐'에 초점을 둔다. '나' 중심에서 벗어나 '하나님'에게 기준을 두고 남은 삶 동안 하나님께서 나를 온전하게 세우시고 기쁨으로 완성시키실 것을 기대하며, 하나님께 나의 시선을 고정시켜 일편단심으로 섬기는 자가 되기를 소망한다.

기적의 사과

고은강 학생 학부모

첫째, 나는 무엇을 보고 있는가?

기무라씨는 농약 없이 사과를 잘 키우기 위해 모든 노력을 다 해보았지만 결과가 좋지 않아서 포기하고 절망한 채 생을 마감하려고 할 때, 사과나무가 뿌리를 내리고 있는 흙을 보게 된다. 그전까지는 사과나무에만 온 정신을 집중하고 있었는데 시선을 흙으로 돌리고 나서 깨달은 것에 대해 그는 이렇게 표현하였다. '아무것도 할 수 없다고 생각한 것은 아무것도 보지 않았기 때문이다. 눈에 보이는 부분에만 정신이 팔려 눈에 보이지 않는 부분

지혜의 숲에서 만난 아이들

까지 보려는 노력을 잊었던 것이다.'

이에 연상되는 성경 말씀이 떠오른다. 예수께서 서른여덟 해 된 병자를 고치시고 그에게 누웠던 자리를 들고 걸어가라고 말씀하셨을 때 바리새인들은 병자를 고쳐주신 예수님을 보지 않고 안식일에 자리를 들고 가라는 예수님에게 초점을 맞추었다. 그 결과, 영접하고 칭송받아야 할 예수님을 핍박하는 어리석음을 선택하게 된 것이다.

우리가 보는 곳은 어디인가? 우리가 생각하고 고민하는 지점이 무엇인가? 눈에 보이지 않는 뿌리인가, 아니면 눈에 보이는 화려한 꽃인가?

둘째, 나는 어디에 집중하고 있는가?

기무라씨는 크고 보기 좋은 사과 열매를 맺으려면 농약을 사용해야 한다는 것을 알았지만, 잡초도 뽑지 않고 농약도 사용하지 않는 '아무것도 하지 않는 농법'을 사과 재배에 적용한다. 확신할 수 없지만 올바른, 어려운 그 길을 9년 동안 걸어간 것이다. 그 시간 동안 사과나무는 아무것도 하지 않은 것처럼 보이지만 자생력을 키우게 된다. 개구리가 멀리 뛰기 위해 몸을 움츠린 것처럼, 스스로 영양분을 빨아들이기 위해 땅속 깊이 뿌리를 내린 것이다. 기무라씨는 그동안 사과나무를 믿고 인내하며 기다려 주었다.

'퇴비 같은 건 줄 필요도 없었다. 화학 비료든 퇴비든, 인간이 뿌리는 영양분은 일시적인 효과뿐이었다. 때문에 매년 뿌려 줘야 하는데, 그렇게 키운 사과나무는 다디단 과자를 먹인 아이들처럼 필요한 양분을 찾아 땅속 깊이 뿌리를 내리는 노력을 하지 않게 된다.'

이 구절을 읽으면서 딸아이가 떠올랐다. 나는 인생의 뿌리를 깊게 내리는 데 필요한 시간과 시행착오를 겪고 있는 은강이를 믿고 묵묵히 기다려 주고 있는가? 답답한 마음에 목표 지점에 빨리 오르도록 요령을 가르치고 채근함으로써 조급함을 심어주고 있지는 않은가?

셋째, 나는 누구와 함께 있는가?

기무라씨는 사과 밭에 잡초가 자라게 하고, 벌레가 살 수 있게 해 주었다. 그것들을 자연의 일부로 받아들인 것이다. 이렇게 자연과 사과나무와 인간의 합작품으로 기적의 사과가 만들어졌다. 심지어 병도 자연의 일부로 받아들인다. '사과나무는 저 혼자서만 살아갈 수 없어, 주변 자연과 어울리며 살아가는 생물이었던 거지. 인간도 마찬가지야, 그런데 그걸 잊어버리고, 자기가 독자적으로 살아가는 줄 알지. 산흙이 따뜻한 이유는 미생물이 많고 왕성하게 활동하기 때문이야.'

이 구절을 읽으면서 '내 삶에서 이것만 없었으면 더 행복해졌을 거야' 하는 것들을 생각해 보았다. 내 삶의 벌레와 병이라고 생각했던 사람들, 그 사람들이 있었기에 모난 내가 조금씩 다듬어지고 겸손해졌으며 나누는 삶에 대해서도 진지하게 고민해 볼 수 있었던 것 같다.

'사과나무가 저 홀로 살아갈 수 없듯이 인간도 혼자서는 살아갈 수 없어. 나도 혼자 고생한다고 착각했지만 옆에서 도와준 사람들이 없었다면 도저히 거기까지 해낼 수는 없었을 거야.'

삶으로 직접 보여준 기무라씨가 나에게 잔잔히 속삭이는 듯하다.

"자연을 좀 더 찬찬히 들여다봐라. 손을 더 움직여봐. 너와 너 주변을 따뜻한 눈으로 찬찬히 잘 살펴봐. 너의 손이 닿고 싶은 곳이 있을 거야."라고.

부모님들의 감상문

소영이와 함께 만방 아이들의 글을 읽는 내내, '와, 정말 잘 썼다'라는 말만 나왔습니다. 그러면서 '중3, 고1만 되어도 어른을 능가하는 글쓰기가 되는구나' 하는 생각도 들었습니다. 글이 그 사람의 생각을 나타낸다는 점에서, 만방 아이들은 생각이 참 깊고 어른스러운 것 같습니다. 어른들도 알기 힘든 것을 어린 아이들이 깨닫고 스스로 반성하는 모습을 보면서 이 아이들의 미래가 참 기대가 되었습니다. 물론 한국학교에도 이런 아이들이 있겠지만, 여전히 많은 아이들이 입시 제도 아래에서 자신의 감정과 생각은 뒷전으로 밀릴 때가 많은 것 같아 아쉽습니다.

박소영 엄마

———

아이들이 얼마나 다양한 책들을 읽고 있는지, 독서하면서 자기가 숙고한 내용들을 얼마나 잘 정리해 두었는지가 매우 인상적이었습니다. 아마도 이 책은 시현이에게 좋은 독서 감상문의 예시가 되었으리라 생각합니다. 아이들의 생각과 표현은 그저 생활 속에서나 수업 속에서 갖춰지는 정도가 아니라는 것을 쉽게 알 수 있었습니다. 만방의 아이들은 다독을 통한 넓은 지식의 습득과 함께 공감력과 표현력을 갖추고 있었습니다. 아이들의 글을 읽으면서 생각한 것은, 잘 성장한 만방의 아이들처럼 우리 시현이 또한 건실하게 잘 자라주기를 바란다는 것입니다.

인간미 폴폴 나는 만방의 아이들처럼 우리 시현이도 따뜻하고 건강한 생각으로 무장한 진정한 만방인이 되어 주기를 바랍니다.

우시현 엄마

————

내 아이의 또래들의 생각을 읽게 되어서 그런지, 다른 책들보다 지루하지 않아서 출·퇴근하는 차 안에서 시간가는 줄 모르게 읽었습니다. 아이들의 글을 읽으면서 긍정, 감사, 최선, 노력, 희망, 용기라는 매우 긍정적인 단어들이 눈에 띄었고, 대부분의 글들이 자신을 돌아보며 그 책에서 배울 점을 스스로 찾아내어 쓴 것 같아 매우 놀랐습니다. 한때 우리 아이가 논술 학원을 다닐 때가 생각이 났습니다. 그때는 아이가 책을 읽고 자신의 주관적인 관점에서 감상문을 썼음에도 문제의 정답이 있는 것처럼 빨간색으로 표시되어 있을 때가 종종 있었습니다. 자신의 의견을 당당히 글로 표현하는 멋진 만방학교의 학생들과 또 학생의 글을 존중합니다. 더 큰 가르침을 주시는 선생님들의 지도 아래 우리 아이도 책을 읽고 자신을 돌아보며 스스로 배울 점을 찾을 줄 아는 멋진 아들로 성장할 것을 생각하니 너무나도 가슴이 벅차 오릅니다.

이지후 엄마

————

아이들의 글을 읽으면서 '학생들이 참 자신의 생각을 솔직하게 잘 표현하는구나!'라고 느꼈습니다. 책을 읽은 후 자신의 것으로 소화하고 사색한 내용을 자신의 말로 써 낼 수 있는 것은 귀한 능력이 아닐 수 없습니다. 또한 만방학교에서는 아이들이 좋은 책들을 읽고 생각을 정리할 수 있도록 많은 기회를 주는 것 같아 좋아 보였습니다. 또한 독서왕들이 쓴 많은 이야기들 중에서 내가 아직 읽지 못한 책들이 제법 많다는

지혜의 숲에서 만난 아이들

생각에 도전을 받기도 하였습니다.

엄마가 책을 좋아하다 보니 아이들도 같이 책 읽기를 좋아하긴 하지만, 어느 순간 독서의 깊이와 넓이가 부족하다는 느낌을 떨칠 수가 없었습니다. 게다가 아이들이 책을 읽으면서 재미를 느끼기만 원할 뿐 자신의 것으로 생각의 실을 자아내는 것은 싫어하는 것을 보며, 독서 교육의 한계를 느끼게 되었습니다. 그럼에도 아이들에게 강요하는 엄마가 될 것 같아 주저하기만 하다 시간을 다 흘려보낸 것 같습니다. 언젠가는 우리 아이들도 '독서왕'이 될 날이 오기를 기대해 봅니다.

정요한 엄마

────

만방에서는 어느 곳에서나 독서를 할 수 있도록 책을 많이 비치해 놓고 독서할 수 있는 분위기를 위해 힘쓴다고 알고 있습니다. 그런 분위기 속에서 학생들의 독서량뿐만 아니라, 자신의 생각과 가치관 또한 하루가 다르게 발전하고 있는 것 같습니다. 만방 아이들의 글을 읽어 보면, 책을 읽으면서 교훈을 얻고 자신의 상황에 대입해 보면서 자신을 더욱 성숙하게 성장시킨다는 것을 알 수 있습니다. 또한 항상 긍정적으로 생각하려는 모습이 엿보이며 자신의 인생에 대해 깊이 사고하고 있는 듯합니다. 더욱 놀라운 점은 아이들이 자신의 이익을 위해서가 아니라 공공의 이익을 위해 이타적으로 살고자 하는 생각을 갖고 있다는 것입니다.

만방에서는 많은 양의 독서와 독후감을 통해 자신에 대해서 끊임없이 생각하게 하고, 어떤 가치관을 가지고 인생을 살아갈 것인지를 생각하게 합니다. 또한 앞으로 인생을 살아가기 위해 필요한 지혜를, 독서를 통해 얻기를 바라는 듯합니다. 이는 꼭 필요한 독서 교육임에 틀림없지만 한국 교육의 현실에서는 독서와 독후감은 그저 형식적인 수행평가

부모님들의 감상문

의 일환으로 치부될 뿐 그리 비중있게 다루어지지 않습니다. 학교에 다녀와서 또 학원에 가야 하는 바쁜 일상 속에서 자신을 온전히 들여다보고 자신의 생각과 가치관을 정립할 수 있는 시간이 절대적으로 부족한 것이지요.

준우가 만방의 독서 교육을 받으면서 다독과 정독을 통해 자신에 대해서 많은 생각을 하고 자신의 올바른 가치관을 정립하여, 졸업한 후 어디에서 생활하든 바른 가치관과 바른 인성과 지혜를 가지고 인생을 살아가길 바랍니다.

김준우 엄마

———

만방 아이들이 작성한 감상문을 읽으면서, 책을 읽고 스스로 깨닫는 과정을 보는 듯한 느낌이 들었습니다. 현재 경험하지 못한 생각과 지식들을 책을 통해 간접적으로 경험하면서, 자신만의 깨달음을 통해 성숙해지는 과정이야 말로 만방학교가 추구하는 자아학습과 연결되어 학생들에게 좋은 결과를 창출하게 하는 것으로 보입니다.

김준우 아빠

———

만방 아이들의 독후감을 읽으면서, 이제 막 길을 나선 아이들의 꿈과 고민과 생각을 생생하고 구체적으로 이해하고 느낄 수 있었습니다. 아이들이 책을 읽고 나서 자기의 마음과 생각을 정리하고 이를 표현하며 전달하는 역량도 놀랍지만, 무엇보다 자기 삶의 비전과 소명에 대해 스스로 생각해보고 그것을 위해 무엇을 준비해야 하는지를 깨달아 필요한 힘을 기르는 훈련을 잘 받고 있다는 생각을 하게 되었습니다.

백은재 아빠

남편과 함께 아이들의 감상문을 읽으면서, 서로 어리석은 감탄사만을 주고받았습니다. "우와, 이 독후감들을 중·고등학생 청소년들이 쓴 거 맞아? 대학생이 아니고?"

아이들의 글들은 하나하나 봄날의 햇살만큼 따뜻하고 비 온 뒤의 하늘만큼 맑았습니다. 아이들의 생각 주머니가 너무나도 커서 우리들의 쭈그러진 생각 주머니가 초라해져 보였고, 40대 중반이 된 나의 나태함을 되돌아보게 하였습니다. 일상에 치여 바쁘다는 핑계로 나이의 숫자만 늘어나는 내 모습을 보게 된 것입니다. 순수한 만방의 아이들은 하나님의 손길 아래 정말 치열하게 고민하고 열정적으로 살아가고 있습니다. 또한 끊임없이 본인의 부족함을 되돌아보고 스스로 단련하면서 전진하고 있습니다.

백은재 엄마

지혜의
숲에서
만난 아이들

초판 1쇄 발행 | 2018년 4월 30일
2쇄 발행 | 2018년 6월 19일

지 은 이 | 만방 아이들
엮 은 이 | 최현

펴 낸 이 | 최광식
펴 낸 곳 | 나무&가지
책임편집 | 지은정
북디자인 | 김한희
일러스트 | 정아름
마 케 팅 | 임지수, 김기철, 김영선
등록번호 | 제 2017-000048호
주   소 | 서울시 서초구 강남대로 455, A동 511호
편 집 부 | **전화** 02-532-9578
이 메 일 | sevenpoweredu@gmail.com

ISBN 979-11-960755-2-1